심리테스트 사용설명서

하나, 심리테스트 보기를 고를 때는
너무 깊이 생각하지 말고
평소 나의 모습을 떠올렸을 때
나와 가장 비슷한 것을 고른다.

둘, 친구들과 함께 재미있게 테스트를 해보며
다른 결과를 비교해 본다.

셋, 심리테스트는 심리테스트일 뿐!
나의 생각과 다른 결과가 나왔다고
실망하지 않는다.

CHIIKAWA 먼작귀 심리 테스트

먼가 작고 귀여운 녀석들의 심리탐구!

인생　　　사랑　　　직업

우정　　　성격

연인　　　미래　　　친구

은하수 미디어
EUNHASOOMEDIA

●들어가는 말●

두근두근 알고 싶어, 속 마음을 알아봐요!

만약, 마음을 들여다볼 수 있다면 얼마나 좋을까요?
그렇게 되면 마음속에 떠오르는 궁금한 것들은 언제든 알아보기 쉽겠지요.
그리고 마음이 보이지 않아 오해하고 다투는 일도 없을 거예요.

이 책은 귀여운 먼작귀 친구들과 함께 나의 마음속을 알아보는 책이에요.
재미나고 신기한 질문들을 통해
자신도 모르는 나의 숨겨진 면과 친구와의 우정을 알아보고
미래의 모습도 살짝 엿볼 수 있어요.

혼자서 봐도 재미있고 친구랑 보면 더욱 재미있는 '먼작귀 심리 테스트'!
지금부터 치이카와 친구들과 함께
나의 마음속에 있는 궁금증을 하나씩 풀어 보세요!

● 주요 등장인물 ●

CHIIKAWA 먼작귀

치이카와
제초나 토벌을 하며
생활하고 있다

토끼
'우라', '야하' 같은
소리를 낸다

가르마
가끔씩 털뭉치를
토해낸다

밤만쥬
술을 엄청 좋아한다.

해달
강하다.

포쉐트 갑옷씨
상냥하다.

노동 갑옷씨
노동!!

하늘다람쥐
귀여운 척한다.

 ●차례

1장 나와 딱 맞는 먼작귀 캐릭터를 찾아봐요! 7

테스트 1	8
테스트 2	13
테스트 3	18

2장 나의 성격 요모조모를 알고 싶어요! 23

테스트 1	24	테스트 8	38
테스트 2	26	테스트 9	40
테스트 3	28	테스트 10	42
테스트 4	30	테스트 11	44
테스트 5	32		
테스트 6	34	보너스 테스트 A	46
테스트 7	36	보너스 테스트 B	48

쉬어 가는 페이지 50

3장 친구와의 우정이 깊어지는 방법이 궁금해요! 51

테스트 1	52	테스트 8	66
테스트 2	54	테스트 9	68
테스트 3	56	테스트 10	70
테스트 4	58	테스트 11	72
테스트 5	60		
테스트 6	62	보너스 테스트 A	74
테스트 7	64	보너스 테스트 B	77

4장 두근두근, 그 사람의 마음을 얻고 싶어요! 79

테스트 1	80	테스트 9	96
테스트 2	82	테스트 10	98
테스트 3	84	테스트 11	100
테스트 4	86		
테스트 5	88	보너스 테스트 A	102
테스트 6	90	보너스 테스트 B	105
테스트 7	92	보너스 테스트 C	108
테스트 8	94		

5장 나의 재능과 미래의 내 모습을 알고 싶어요! 111

테스트 1	112	테스트 8	126
테스트 2	114	테스트 9	128
테스트 3	116	테스트 10	130
테스트 4	118	테스트 11	132
테스트 5	120		
테스트 6	122	보너스 테스트 A	134
테스트 7	124	보너스 테스트 B	137

테스트 1

친구들과 근처 공원으로 소풍을 가 사진을 찍었어요.
이 날 찍은 사진들 중 가장 마음에 드는 사진은 무엇인가요?

❶ 내 얼굴만 클로즈업한 사진

❷ 친구들과 함께 찍은 사진

❸ 나의 전신이 담긴 독사진

❹ 인물보다는 배경이 잘 나온 사진

해석
마음에 드는 사진으로
나와 가장 잘 맞는 캐릭터를 찾아봐요!

❶ '내 얼굴만 클로즈업한 사진'을 선택한 당신은
   팀을 이끄는 능력이 탁월한 행동파!

무슨 일이든 열정적으로 처리하며, 자신감이 넘치고 다른 사람보다 눈에 띄는 것을 좋아해요. 이런 유형은 통솔력과 리더십이 강해서 팀을 이끄는 능력이 탁월한 행동파라고 볼 수 있어요. 또 칭찬을 잘 하는 성격으로 다른 사람의 의욕을 불러일으켜 성취도를 높이는 능력이 있다는 것이 큰 장점이지요. **그런 당신과 어울리는 베스트 파트너는 토끼!**

❷ '친구들과 함께 찍은 사진'을 선택한 당신은 원만한 대인관계를 최우선으로 생각하는 사람!

성실하게 앞장서는 솔선수범형이에요. 어느 자리에서나 묵묵히 자신의 역할을 잘 해내는 당신은 윗사람에게 예의가 바르고, 친구들에게 인기가 많은 활발한 성격을 갖고 있어요. 다른 사람들이 꺼려하는 힘든 일도 마다 하지 않고 나서는, 헌신적인 면이 있지요. 그러나 때로는 다른 사람을 너무 의식해 스스로 힘들어지는 경우가 생기기도 해요. **당신과 가장 잘 어울리는 파트너는 밤만쥬!**

❸ '나의 전신이 담긴 독사진'을 선택한 당신은 성실하게 차근차근 이루어 나가는 노력파!

꿈을 달성하기 위해 하루도 빠지지 않고 열심히 하는 노력파예요. 다른 사람들에게 친절하지만 스스로에게 엄격한 이런 스타일은 의지가 강해서 꼭 해야 하는 일이라고 여기면 어떻게든 끝까지 해내고야 말지요. 장점은 특별히 어떤 사람을 편애하지 않고 모두를 똑같이 대한다는 점이에요. **당신과 어울리는 최고의 파트너는 치이카와!**

④ '인물보다는 배경이 잘 나온 사진'을 선택한 당신은 소심하고 감수성이 예민한 개성파!

당신은 섬세한 미적 감각을 겸비하고 있는 상상력 풍부한 로맨티스트예요. 아름다움을 추구하며, 우아하고 멋진 취미를 갖기 위해 노력해요. 또 그때그때 기분과 감정의 변화에 휩쓸리기 쉬워서 가끔 엉뚱한 행동도 하지요. 그러나 고민이 있는 사람과 불쌍한 사람을 진심으로 대하고, 좋은 친구가 되어 주어요. 사람들은 힘들 때 당신에게 많이 의지하는 편이에요. **당신과 최고의 궁합을 자랑하는 캐릭터는 가르마!**

테스트 2

과일 바구니에 여러 가지 과일이 담겨 있어요.
꼭 하나만 골라야 한다면 어떤 것을 고르겠어요?

① 사과　② 배　③ 귤　④ 포도

⑤ 바나나　⑥ 앵두　⑦ 멜론　⑧ 감

해석
좋아하는 과일로
나는 어떤 성격인지 알아봐요!

❶ '사과'를 선택한 당신은 모든 일을 정확히 처리하는 카리스마 리더!

매사 성실한 당신은 모든 일에 열심이고, 주변에서 벌어지는 일에도 꼼꼼하게 신경 써요. 하지만 다른 사람에게 피해를 주면서까지 억지로 일을 진행하지는 않아요. 그래서 자신의 기준에서 예의가 없거나 매너 없이 행동하는 사람을 멀리하지요.

❷ '배'를 선택한 당신은 진지하고 신중하게 자신의 욕망을 조절하는 수줍은 전략가!

남들에게 보이는 화려함보다는 안정적이고 건실한 인생을 목표로 삼고 있어요. 이런 유형은 리더가 되었을 때도 자신의 주장을 고집하기보다는 여러 사람의 의견을 경청하는 편이에요. 카리스마는 조금 부족해도 포용적인 성격으로 만인에게 사랑받지요.

❸ **'귤'을 선택한 당신은 모두와 원만한 관계를 유지하는 평화주의자!**

당신은 다소 기분 나쁜 일이 있더라도 미소를 잃지 않아요. 또 가족과 친구들을 잘 챙기며 그들과의 관계를 중요하게 여기는 따뜻한 마음을 갖고 있어요. 이로 인해 가끔 손해 보는 일이 생길 수도 있지만 다들 마음속으로는 당신을 응원하고 있답니다.

❹ **'포도'를 선택한 당신은 미적 감각과 상상력이 풍부하고 개성이 강한 천재 스타일!**

주관이 뚜렷한 만큼 자신이 생각하는 테두리 밖으로 나오는 것에 이유 모를 두려움을 갖고 있어요. 첫인상은 가까이하기 어려운 차가운 면을 지니고 있지만, 조금만 친해지면 누구보다 여리고 고운 마음씨를 갖고 있다는 사실을 알게 되지요.

❺ '바나나'를 선택한 당신은 생각보다 행동이 앞서는 행동파!

활달하고 개방적인 성격이라 누구와도 금방 친해져요. 또 매사에 열정적인 편이지요. 바쁘고 피곤해도 집보다 밖에서 에너지를 얻는 왕성한 활동파예요. 다만 자기 중심적인 모습 때문에 가끔 남에게 피해를 줄 때가 있어요.

❻ '앵두'를 선택한 당신은 스마트하게 행동하며 미적 감각이 예민한 개성파!

이런 유형은 남과 다른 개성을 중시하고, 모든 면에서 스마트함을 추구해요. 다만 생각이 많은 것에 비해 행동은 조금 부족한 편이에요. 그래서 사람들에게 자신을 과시하고 싶어하는 반면, 본심을 전달하는 데는 서툴러 오해를 살 때가 있어요.

7 '멜론'을 선택한 당신은 마음속에 커다란 포부와 꿈을 품고 있는 야심가!

겉으로는 우아하고 차분해 보이지만 마음속에는 큰 이상을 품고 있지 않나요? 다른 사람이 하자는 대로 무조건 따라 하는 것을 꺼려해요. 의외로 승부욕이 강하기 때문에 지는 것을 못 참는 당신이에요. 모든 면에서 최고가 되기 위해 늘 열심이죠.

8 '감'을 선택한 당신은 대인 관계를 중시하며 타인의 기분을 잘 파악하는 섬세한 마음의 소유자!

무엇보다 원만한 대인 관계를 중요하게 여겨요. 특히 부모님, 선생님 같은 윗사람의 기분을 늘 염두에 두고 잘 대응하지요. 인정이 많고 감수성도 풍부해서 다른 사람의 이야기에 귀기울이고 공감해요. 또한, 상대방의 미묘한 감정을 잘 읽어내 사소한 것도 놓치지 않는 세심한 면도 있어요.

테스트 3

다양한 종류의 케이크가 탁자 위에 있어요.
그중에서 당신이 가장 좋아하는 케이크는 무엇인가요?

❶ 초콜릿 케이크

❷ 멜론 케이크

❸ 아이스크림 케이크

❹ 떡 케이크

❺ 스펀지 케이크

❻ 치즈 케이크

❼ 생크림 케이크

❽ 고구마 케이크

해석
내가 고른 케이크로 나의 장점을 알 수 있어요!

1 '**초콜릿 케이크**'를 선택한 당신은 적극적으로 꿈을 이루려는 **노력파!**

조심성이 많은 편이라 사람을 사귈 때도 신중한 편이지만, 일단 내 마음에 들면 적극적으로 다가가요. 한번 목표가 생기면 포기하지 않고 과감하게 밀고 나가는 것이 당신이 가진 최고의 장점이에요.

2 '**멜론 케이크**'를 선택한 당신은 부드럽지만 강한 **외유내강 타입!**

겉으로 보기에 다소곳하고 순진해 보이지만 마음속으로는 커다란 포부와 이상을 품고 있지요. 그래서 지는 것을 매우 싫어하고 모든 일에 최고가 되려고 해요. 그만큼 자신의 분야에 애정을 갖고 노력해요. 이런 타입은 나중에 부자가 될 가능성이 높아요.

❸ '아이스크림 케이크'를 선택한 당신은 외로움을 많이 타는 조용하고 귀여운 몽상가!

혼자 있을 때 이런저런 생각도 많고 속내도 깊어요. 그래서 자신이 만든 테두리 밖으로 나가는 것도, 누군가 그 테두리 안으로 들어오는 것도 꺼리지요. 좀처럼 마음을 내보이지 않아 선뜻 가까이하기 어렵지만 친해지면 누구보다 다정한 사람이에요.

❹ '떡 케이크'를 선택한 당신은 밝고 명랑한 소울메이트!

기분 나쁜 일이 있더라도 겉으로는 미소를 잃지 않아요. 이런 면 때문에 누구에게나 호감을 주고 모두와 원만하게 지내지요. 집안일이나 봉사활동도 싫은 내색을 하지 않는 편이라 어른들에게도 인기 만점! 당신의 명랑한 모습 덕분에 어디에 가든지 환영 받아요.

❺ '스펀지 케이크'를 선택한 당신은 에너지가 넘치는 **장난꾸러기!**

건강하고 에너지가 넘치는 반면에 가끔 자기 자신을 조절하지 못할 때가 있어요. 이로 인해 누군가에게 피해를 주기도 하지요. 하지만 당신은 금방 잘못을 인정하고 비판을 받아들이기 때문에 싸움으로 번지지 않고 오히려 발전의 기회로 삼아요.

❻ '치즈 케이크'를 선택한 당신은 상대방의 의견을 존중하는 친절한 **현실주의자!**

겉모습에 치중하지 않고 내실을 다지는 데 노력하는 신중한 현실주의자라고 할 수 있어요. 그래서 종종 소극적이라는 이야기를 들을 때도 있지만 그럴 때조차 화를 내기보다는 더 노력하는 편이에요. 오늘보다는 내일이 더 기대되는 스타일이라고 할 수 있죠.

❼ '생크림 케이크'를 선택한 당신은 겉은 바삭하고 속은 촉촉, 스타일리시한 타입!

눈에 띄는 외모와 성격 탓에 자신을 과시하려는 의도가 없어도 단연 돋보여요. 그래서 의도치 않게 원치 않는 오해를 사기도 해요. 또 마음이 약하기 때문에 다른 사람의 비난에 힘들어해요. 하지만 모두 당신을 부러워하고 좋아한다는 걸 잊지 마세요.

❽ '고구마 케이크'를 선택한 당신은 포용적이면서 철두철미한 카리스마 타입!

모든 일을 정확히 처리해야만 직성이 풀리는 유형이에요. 하지만 다른 사람의 잘못도 품는 포용적인 성격이라 상대의 의견을 경청하지요. 짧은 시간이라도 집중력을 발휘해 반드시 목표를 이루고야 마는, 바람직한 리더의 자질을 모두 갖추고 있어요.

테스트 1

접시에 맛있는 진저 브레드 맨 쿠키가 놓여 있어요.
어느 부분부터 먹으면 좋을까요?

❶ 머리부터 먹는다.

❷ 팔부터 먹는다.

❸ 다리부터 먹는다.

❹ 반으로 갈라 몸부터 먹는다.

해석

아무에게도 말하지 못한 나의 콤플렉스는?

① 머리부터 먹는다.

늘 열심히 하면서도 더 잘하고 싶은 마음이 크지 않나요? 당신의 '능력'은 이미 충분해요. 그러니 이제 스스로를 믿어 보도록 해요.

② 팔부터 먹는다.

다소 '요령'이 없어 공부가 더디고 힘들다고 생각하는 스타일이에요. 그러나 꾸준히 노력한다면 반드시 좋은 결과가 있을 거예요.

③ 다리부터 먹는다.

남들보다 '건강'에 신경 쓰면서 혹시 무슨 일이 생길지 앞서서 걱정을 많이 해요. 걱정은 내려놓고 매사에 긍정적인 마음을 갖도록 해요.

④ 반으로 갈라 몸부터 먹는다.

작은 일에도 깊이 생각하고, 사소한 말에도 상처 받는 스타일이에요. 사람의 '성격'은 저마다 달라요. 조금은 대범하게 행동해도 좋겠어요.

테스트 2

즐거운 핼러윈 파티에 초대를 받았어요.
당신이라면 다음 중 어떤 분장을 할 건가요?

① 꼬리에 뿔이 달린 악마

② 흰색 천을 뒤집어쓴 유령

③ 인어 공주에 나오는 마녀

④ 예쁜 드레스를 입은 공주

해석
당신이 가장 두려워하는 나의 성격은?

① 꼬리에 뿔이 달린 악마

'사교성'이 부족한 건 아닌지 걱정하면서도 마음을 표현하는 게 쉽지 않죠. 인간관계는 공부가 아니에요. 힘을 빼고 편하게 사람을 대하면 좋은 결과가 있을 거예요.

② 흰색 천을 뒤집어쓴 유령

'사람들 앞에 나서는 것'을 두려워해요. 소극적인 나의 모습을 다른 사람과 비교하지 않고 나만의 장점을 가질 수 있도록 노력하는 마음가짐이 무엇보다 중요해요.

③ 인어 공주에 나오는 마녀

'지적 욕구'가 매우 강해요. 딱히 몰라도 되는 것까지 전부 알 필요는 없답니다. 모든 것을 다 아는 사람은 없으니 나의 소중한 경험에 집중하면 지식은 자연히 따라올 거예요.

④ 예쁜 드레스를 입은 공주

이성과의 '연애'에 대해 부담감을 갖고 있어요. 지나간 연애에서 받은 상처는 이제 그만 잊도록 해요. 마음에 드는 상대가 있다면 과감하게 내 마음을 고백하는 걸 추천해요.

테스트 3

식탁 위에 먹음직스러운 삼각 김밥이 있네요.
어떻게 먹는 게 제일 맛있을까요?

① 김이 있는 곳부터 먹는다.
② 밥이 있는 곳부터 먹는다.
③ 쪼개서 밥부터 먹는다.
④ 쪼개서 내용물부터 먹는다.

> 해석
나는 누구에게 인기가 많을까?

❶ 김이 있는 곳부터 먹는다.

당신은 사소한 것에 신경 쓰지 않아요. 하고 싶은 일, 해야 하는 일은 그 자리에서 끝내는 반면 뒤끝이 없지요. 화끈한 성격으로 동성보다는 이성 친구에게 인기가 많아요.

❷ 밥이 있는 곳부터 먹는다.

매사에 적극적이고 활동적이에요. 그리고 모두에게 친절하게 대해 줘요. 남녀 모두에게 인기가 많지만 거절을 어려워하기 때문에 주변 사람들에게 휘둘릴 때가 있어요.

❸ 쪼개서 밥부터 먹는다.

당신은 예의 바르고 신중한 편이에요. 또 경제 감각이 뛰어나 돈을 잘 모으지요. 주변에서 꼼꼼한 사람이라 칭찬해요. 주로 여자들에게 인기가 많아요.

❹ 쪼개서 내용물부터 먹는다.

승부욕이 강해 한번 마음먹은 일은 반드시 해내요. 겉으로는 강인해 보이지만 사실 마음은 여린 편이에요. 의리를 중시하기 때문에 남자들에게 인기가 많답니다.

테스트 4

자고 일어나 보니 눈이 소복하게 쌓였어요.
이 눈으로 눈사람을 만든다면 어떤 모양으로 만들 건가요?

① 털모자를 쓴 무표정한 눈사람

② 귀마개를 한 무표정한 눈사람

③ 중절모를 쓴 웃고 있는 눈사람

④ 키가 큰 웃고 있는 눈사람

해석
나의 순수함은 어느 정도일까?

❶ 털모자를 쓴 무표정한 눈사람

당신의 순수함은 90%. 나에게는 언제나 신나고 즐거운 일들만 가득할 거라고 믿고 있어요. 세상에 나쁜 사람은 없다고 생각하기 때문에 나쁜 사람에게 이용당하지 않도록 주의해야 해요.

❷ 귀마개를 한 무표정한 눈사람

당신의 순수함은 40%. 한때는 어린아이 같은 천진난만한 사람이었지만 이제는 과거의 일이 되어 버렸어요. 그렇기 때문에 다른 사람에게 기대가 없는 편이에요.

❸ 중절모를 쓴 웃고 있는 눈사람

당신의 순수함은 10%. 돌다리도 두드려 보고 건너는 무척 신중한 사람이에요. 잃어버린 순수함을 회복하고 싶다면 귀여운 반려동물과 시간을 보내는 것을 추천해요.

❹ 키가 큰 웃고 있는 눈사람

당신의 순수함은 70%. 자신에게 솔직하고 감정을 숨기지 않는 당신은 해맑은 성격을 가지고 있어요. 여러 사람에게 인기가 많지만 상황에 따라 스스로의 감정을 잘 제어할 필요도 있어요.

테스트 5

하루 일과가 끝나고 침대에 누워 잠을 청할 때, 베개를 어떻게 베고 자나요?

① 베개에 얼굴을 묻고 잔다.

② 베개를 베지 않는다.

③ 베개를 똑바로 베고 잔다.

④ 팔을 베개 아래로 둔다.

해석
지금 내가 추구하는 가치는 무엇일까?

❶ 베개에 얼굴을 묻고 잔다.

베개에 얼굴을 파묻었을 때 이유 모를 편안함을 느낀다면 지금 당신은 따뜻한 사랑 혹은 안정감이 필요한 상태예요. 스트레스가 높은 편은 아닌지 점검해 볼 필요가 있겠어요.

❷ 베개를 베지 않는다.

불화를 싫어하기 때문에 스스로 규칙을 잘 지키는 스타일이에요. 하지만 무의식에서는 이에 대한 반발도 있지요. 도저히 이해할 수 없는 억압과 규칙은 잘 따져 보도록 해요.

❸ 베개를 똑바로 베고 잔다.

자신만의 개성과 기준이 분명한 사람이에요. 자신도 알아차리지 못한 에너지가 가득한 걸 알고 있나요? 내가 잘할 수 있는 일은 무엇인지 먼저 나서서 찾도록 해요.

❹ 팔을 베개 아래로 둔다.

공감 능력이 뛰어나 다른 사람의 감정에 잘 이입하는 편이에요. 그래서 인기도 많답니다. 도움이 필요한 사람을 보면 도와주고 싶어 하는데, 나를 너무 희생하는 일은 피해도 괜찮아요.

테스트 6

길을 걷다 우연히 반짝이는 상자를 발견했어요.
그 속에는 무엇이 들어 있을까요?

❶ 번쩍번쩍 빛나는 금

❷ 향긋하고 달콤한 꿀

❸ 쓸모없는 흙

❹ 어딘가를 가리키는 지도

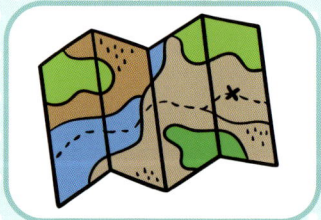

해석
나는 무엇에 잘 속을까?

① 번쩍번쩍 빛나는 금

셈에 능숙하지 못한 당신은 돈과 관련된 일에 속기 쉬워요. 돈을 빌려주거나 빌리는 일은 언제나 깊이 생각해 보고 결정해야 해요. 자칫 돈 때문에 소중한 사람을 잃을 수도 있답니다.

② 향긋하고 달콤한 꿀

상대방의 수려한 외모와 화려한 언변에 속아 상대방을 판단하다 상처를 받기도 해요. 정말 중요한 것은 겉모습이 아니라 내면의 진심이에요. 속마음 보는 법을 익히도록 해요.

③ 쓸모없는 흙

나는 현실적이며 합리적이라 생각하기 때문에 함정에 빠질 때가 있어요. 모든 면에서 완벽한 사람도, 실수를 하지 않는 사람도 없어요. 늘 모든 가능성을 염두에 두어야 해요.

④ 어딘가를 가리키는 지도

사람의 됨됨이 보다 능력, 재력에 더 관심을 보이진 않나요? 좋은 배경을 가진 사람이 반드시 좋은 인성을 가진 것은 아니에요. 사람의 본성은 환경에 따르지 않는 고유한 것임을 잊지 말아요.

테스트 7

미술 수업 시간에 나와 닮은 동물을 그리기로 했어요.
어떤 동물을 그릴 건가요?

① 사슴

② 토끼

③ 곰

④ 다람쥐

해석
나의 질투심 정도는 얼마일까?

① 사슴

당신의 질투심 지수는 30%. 다른 사람의 뛰어난 장점을 보고 마음속으로 질투하지만 그보다 감탄을 더하는 타입이에요. 상대의 장점도 잘 찾아내기 때문에 오히려 인기가 많지요.

② 토끼

당신의 질투심 지수는 60%. 어느 정도 질투심이 있는 편에 속해요. 특히, 나보다 잘나가는 친한 친구를 더 질투하는 편이에요. 하지만 누구나 이 정도 질투심은 갖고 있답니다.

③ 곰

당신의 질투심 지수는 10%. 매사에 자신감 넘치기 때문에 다른 사람에게 질투심을 느끼는 편이 아니에요. 승부욕과 경쟁심이 적기 때문에 냉소적으로 보일 수도 있어요.

④ 다람쥐

당신의 질투심 지수는 80%. 다른 사람의 인기에 강한 질투심을 느껴요. 언제나 상대방보다 더 주목받고 싶고 인기 있기를 바라지요. 다른 사람의 눈보다 중요한 것은 나 자신을 사랑하는 것임을 잊지 말도록 해요.

테스트 8

식당에서 너무 배가 고파서 음식을 많이 주문했어요.
먹고 나니, 음식이 많이 남았네요. 남은 음식을 어떻게 하죠?

❶ 배가 불러도 끝까지 먹는다.

❷ 배부르면 그만 먹는다.

❸ 남은 음식을 포장한다.

❹ 다른 사람에게 도움을 청한다.

> 해석

누군가에게 부탁을 받았을 때 나의 속마음은?

❶ 배가 불러도 끝까지 먹는다.

누군가에게 부탁을 받으면 그 사람이 스스로 문제를 해결할 수 있게 도움만 줄 뿐이지, 직접 나서서 해결해 주지는 않아요. 되도록 남의 일에 관여하고 싶지 않아해요.

❷ 배부르면 그만 먹는다.

다른 사람의 일을 내 일처럼 여기기 때문에 누군가 부탁을 하면 최고의 해결사가 되어 끝까지 해결해 주어요. 반면에 이런 성격을 이용하려는 사람들도 있으니 주의하세요.

❸ 남은 음식을 포장한다.

부탁을 받으면 일단 먼저 당황하는 스타일이에요. 내가 도움이 될 수 있을까 하는 순수한 마음이 있기 때문이에요. 당신의 이런 점을 좋아하는 사람이 많다는 걸 아나요?

❹ 다른 사람에게 도움을 청한다.

뭐든 완벽을 추구하기 때문에 부탁을 받았을 때도 처음부터 차근차근 문제에 대해 물어보고 해결하려고 해요. 반면 마음에 들지 않는 상대의 부탁은 냉정하게 거절하기도 하지요.

테스트 9

당연히 내가 1등할 줄 알았던 마라톤에서 2등을 했어요.
그 이유는 무엇일까요?

① 부담감 때문에

② 배가 고파서

③ 다리가 아파서

④ 체력이 부족해서

해석
당신이 숨기고 있는 콤플렉스는?

❶ 부담감 때문에

평소 외모에 자신감이 없는 편이에요. 그러나 정말 부족한 것은 외모가 아니라 자신감이라는 것을 알아야 해요. 자신감 하나만으로도 이성에게 매력을 줄 수 있다는 사실을 기억하고 당당하게 행동해요.

❷ 배가 고파서

경제력이 부족한 것에 대해 콤플렉스가 있어요. 친구들과 함께 음식점에 가거나 친구의 생일 선물을 사야 할 때 돈이 부족할까 봐 두려움을 안고 있지요. 돈보다 중요한 것은 넓은 마음이라는 것을 잊지 마세요.

❸ 다리가 아파서

건강에 대한 걱정이 다른 사람보다 많아요. 조금만 피곤하거나 아파도 혹시 큰 병이 아닐까 마음 졸이죠. 오히려 그런 스트레스가 건강에 더 해로워요. 몸 건강은 마음의 건강에서 시작된다는 점을 명심해요.

❹ 체력이 부족해서

무엇이든 긍정적인 생각보다 부정적인 생각이 앞서는 스타일이에요. 시작도 하기 전에 지레 겁을 먹고 포기할 필요는 없어요. 무엇이든 과감하게 도전해 보세요! 실패도 중요한 경험이랍니다.

MEMO

테스트 10

정원에 핀 여러 가지 종류의 꽃 중에
나와 가장 잘 어울리는 꽃은 어떤 꽃일까요?

① 탐스러운 튤립

② 키 큰 해바라기

③ 고귀한 아이리스

④ 강인한 수선화

> 해석

나도 모르는 나의 장점은 무엇일까?

❶ 탐스러운 튤립

당신은 지치지 않는 열정가예요. 모든 일에 활발하고 열정적으로 임하지요. 어떠한 조건에서도 포기하지 않고 끝까지 해내는 만큼 주변 사람들에게도 긍정적인 영향을 끼쳐요.

❷ 키 큰 해바라기

개방적이고 활발한 성격이에요. 사근사근하면서도 친화력이 넘쳐 주변을 행복하게 만드는 행복 전도사 스타일. 모두를 웃음 짓게 만드는 사랑스러운 스타일이에요.

❸ 고귀한 아이리스

신비롭고 아름다운 비밀을 가진 당신은 궁금증을 유발시켜요. 타인에게 쉽게 마음을 주지 않지만 한번 맺은 인연을 소중히 여기며, 사람의 감정을 잘 읽어 낸답니다.

❹ 강인한 수선화

과거의 일로 인한 아픔이 있지만, 이에 굴하지 않고 새로운 도전을 향해 나아가는 사람이에요. 그 용기가 주위 사람들에게 긍정적으로 작용해 커다란 열매를 맺게 할 거예요.

테스트 11

어젯밤 친구네 집에 도둑이 들었다고 해요.
친구네 집에서 도둑이 훔쳐 간 물건은 무엇일까요?

1 비상금

2 커플링

3 신용 카드

4 옷

> 해석

당신 안에 숨겨진 악마 기질은?

❶ 비상금

<u>악마 기질 10%.</u> 혼자 묵묵히 자신만의 길을 걷는 사람으로, 악마 기질은 매우 낮은 편이에요. 기본적으로 다른 사람에게 흥미와 관심이 낮아 악의도 크지 않아요.

❷ 커플링

<u>악마 기질 80%.</u> 당신은 다른 사람의 불행을 즐기는 편이에요. 다른 사람이 힘들어하는 것을 즐긴다면 언젠가 후회할 날이 올 수 있어요.

❸ 신용 카드

<u>악마 기질 30%.</u> 당신은 정서적으로 매우 안정된 사람이에요. 열린 마음을 가지고 있어서 자신에게 일어난 일도 긍정적으로 생각하고 친구의 불행에도 잘 공감하지요.

❹ 옷

<u>악마 기질 50%.</u> 당신은 겉으로는 아닌 척하지만 꽤나 타인의 불행을 즐거워하는 스타일이에요. 뼈 있는 말로 다른 사람을 기분 나쁘게 할 때가 있으니 주의하도록 해요.

보너스 테스트 A

네모 박스 안에 사람을 머리부터 발까지 전신을 그려 보세요.

> **해석**
> # 당신이 그린 사람을 통해 당신의 성향을 알 수 있어요.

1. 인물의 성별

당신이 그린 사람은 곧 당신 자신을 뜻해요. 만약 다른 성별을 그렸다면 이성에 대한 관심이 스스로에 대한 관심보다 많을 수 있어요.

2. 인물의 크기

인물을 크게 그릴수록 자신감이 많다고 할 수 있어요. 다만 보통 남자를 여자보다 크게 그리곤 해요.

3. 눈

눈을 인형처럼 크게 그릴수록 성격이 활발하고 활동적일 가능성이 높아요. 반면에 눈이 작거나 감겨 있다면 조용한 성격일 가능성이 높고요.

4. 팔다리

팔다리를 크게 그렸다면 현재 자신의 목표를 위해 나아가는 중일 가능성이 높아요. 팔짱을 낀 모습이나 짧은 다리 등은 현재 상황이 뜻대로 되지 않는 상태로 해석할 수 있답니다.

보너스 테스트 B

머릿속으로 다음 질문의 답을 떠올려 봐요.

이번 테스트는 두 사람이 함께해요. 친구 혹은 가족과 해 봐요. 한 사람은 눈을 감고, 다른 한 사람은 아래 질문들을 천천히 읽어 주세요. 듣는 사람은 머릿속으로 질문의 답을 생각해 두고, 한번에 살펴보세요.

질문 1
친한 친구에게 소설책을 선물 받았어요.
어떤 내용일까요?

질문 2
선물받은 소설 속 주인공은 남자인가요?
혹은 여자인가요?

질문 3
책을 읽다 보니 10페이지부터 100페이지 사이에 한 페이지만 색이 달라요. 그건 몇 페이지일까요?

질문 4
어느덧 결말에 다다랐어요.
이 책은 어떤 내용으로 끝날까요?

MEMO

> **해석**
> 당신이 그린 사람을 통해
> 당신의 성향을 알 수 있어요.

질문 1 : 당신이 살고 싶은 인생

호러, 로맨스, 다큐, 스릴러, 휴먼, 유머 등 여러 내용 중 당신이 고른 건 무엇인가요? 이 질문은 당신이 살고 싶은 인생의 장르를 이야기해요.

질문 2 : 당신은 남성성이 강한가 여성성이 강한가

당신이 남자든 여자든 상관없어요. 누구나 조금씩 남성적인 면과 여성적인 면이 있거든요. 그 둘 중 어떤 성향이 강한지 나타내지만 보통은 자신의 성별을 골라요.

질문 3 : 당신에게 인생을 바꿀 기회가 찾아오는 나이

일생일대의 기회가 찾아오는 나이라고 할 수 있죠. 당신은 몇 살을 골랐나요?

질문 4 : 내 인생의 마지막 모습

당신의 인생은 해피 엔딩인가요 새드 엔딩인가요? 이 질문은 당신이 바라는 인생의 마지막은 어떤 모습이고, 당신은 무엇을 느끼고 싶은지를 말해 주어요.

쉬어 가는 페이지 먼작귀 친구들을 멋지게 색칠해 보세요.

3장

친구와 우정이 깊어지는 방법이 궁금해요!

테스트 1

당신에게 제일 소중한 물건을 숨겨야 한다면 어디가 좋을까요?

① 서랍 속에 넣어 둔다.
② 친구 집에 숨긴다.
③ 뒷산 깊숙한 곳에 묻는다.
④ 신발장 안쪽에 숨긴다.

해석
우정과 사랑 중 내가 더 소중하게 생각하는 것은?

① 서랍 속에 넣어 둔다.

위트와 유머 감각이 뛰어난 당신은 사랑과 우정을 공평하게 대하려고 노력하지요. 한마디로 사랑과 우정 두 마리 토끼를 모두 잡는 스타일이에요.

② 친구 집에 숨긴다.

당신은 천상 사랑꾼! 우정보다 사랑을 선택할 확률이 높지만 우정을 가볍게 생각하는 것은 결코 아니에요. 다만 깊게 사랑에 빠지는 타입이라 헤어나오기 어려워요.

③ 뒷산 깊숙한 곳에 묻는다.

친구와의 의리를 제일 소중하게 여기기 때문에 연인의 질투마저 불러일으킬 수 있어요. 사랑과 우정 모두 중요하기 때문에 결정을 잘해야 한답니다.

④ 신발장 안쪽에 숨긴다.

감정이 풍부해 한번 사랑에 빠지면 오래 가는 스타일이에요. 그러나 사랑에 집중한 나머지 내 주위의 사람들을 놓칠 수 있으니 주변을 돌아보는 마음도 잊지 마세요.

MEMO

테스트 2

억울한 일을 당해 눈물이 살짝 났어요.
그런데 짝꿍이 내 모습을 찍었다면 어떻게 할 건가요?

① 핸드폰을 빼앗아 사진을 지운다.

② 무례한 짝꿍에게 화낸다.

③ 멋쩍은 듯 머리를 긁적인다.

④ 부끄러움에 얼굴을 가린다.

해석
친구와 깊은 우정을 쌓기 위한 행동은?

① 핸드폰을 빼앗아 사진을 지운다.

친구에게 관심을 받고 싶어 가끔 내키지 않은 일도 억지로 할 때가 있나요? 진정한 친구는 나의 진짜 모습을 사랑해 주는 사람이에요. 절대 억지로 자기를 꾸밀 필요는 없답니다.

② 무례한 짝꿍에게 화낸다.

활달하면서도 착한 마음씨로 친구들에게 큰 사랑을 받는 사람이에요. 스스로는 모르지만 이미 인기 스타일 가능성도 충분하지요. 따뜻한 마음을 잃지 않는다면 어디서나 사랑받을 거예요.

③ 멋쩍은 듯 머리를 긁적인다.

조금 더 나의 매력을 어필할 필요가 있어 보여요. 당신은 생각보다 친구들에게 인기도 많고 매력적인 사람이니 자신감을 갖고 행동하면 어떨까요?

④ 부끄러움에 얼굴을 가린다

애교 있는 성격으로 원만한 대인 관계를 유지하는 편이에요. 그러나 다소 자기중심적인 면이 있어요. 무조건적인 이해를 바라기보다는 내가 먼저 상대방을 감싸고 힘이 되어 주도록 노력해 보세요.

테스트 3

어느 날, 집으로 오는 길에 미지의 존재와 마주쳤어요.
당신이라면 어떻게 행동할 건가요?

① 싸울 준비를 한다.
② 도망부터 간다.
③ 일단 숨는다.
④ 친구가 된다.

해석
친구들이 보는 나의 첫인상은?

① 싸울 준비를 한다.

카리스마 있고 리더십이 있어 보여요. 반면에 다소 차가운 인상 때문에 친구들이 쉽게 다가가지 못할 때도 있지요. 여러 사람과 폭넓게 사귀고 싶다면 내가 먼저 다가가는 자세가 필요해요.

② 도망부터 간다.

한눈에도 지적인 매력이 풀풀 풍기는 당신. 지적이고 스마트한 이미지 덕분에 리더 역할을 도맡아 하지요. 그 매력을 더욱 발전시키고 싶다면 상대의 의견을 경청하고 무시하지 않도록 주의할 필요가 있답니다.

③ 일단 숨는다.

처음 만난 사람과 함께 있으면 나도 모르게 긴장부터 하는 당신. 이런 모습 때문에 당신과 친해지고 싶어 하는 사람이 더 멀어지게 될 수 있어요. 모두 당신을 예의 바른 사람이라고 생각하니 조금만 더 자신감을 가지세요.

④ 친구가 된다.

당신은 모든 사람이 나를 사랑하면 좋겠다는 바람을 갖고 있어요. 그래서 자신의 장점을 드러내는 방법도 잘 알고 있지요. 하지만 자칫 속내를 알 수 없는 사람으로 보일 수도 있으니 조심할 필요가 있겠어요.

테스트 4

미래에 독립을 하게 되어 나만의 집을 갖게 된다면, 제일 잘 꾸미고 싶은 공간은 어디인가요?

① 달콤한 잠을 청하는 침실

② TV가 있는 거실

③ 오직 나만의 공간인 서재

④ 맛있는 요리를 하는 부엌

> 해석
당신이 바라는 우정의 유형은?

❶ 달콤한 잠을 청하는 침실

마음의 안정을 최우선으로 여기는 당신은 우정에 있어서도 안정된 관계를 선호하죠. 그래서 새로 사귄 친구보다 오래전부터 알고 지낸 몇몇 친구와 깊은 우정을 쌓는 편이에요.

❷ TV가 있는 거실

당신은 한 명의 친구보다 여러 명과 함께 어울릴 때 더 큰 즐거움을 느껴요. 그래서 학원, 동호회 같은 많은 사람을 만날 수 있는 기회가 생기면 꼭 참석하지요. 취미가 같은 친구를 만나면 금방 친해져요.

❸ 오직 나만의 공간인 서재

우정도 중요하지만 나 자신이 훨씬 소중한 스타일이에요. 그렇다고 친구와의 관계를 가볍게 여기는 것은 아니에요. 다만 친구와 모든 걸 공유하기보다는 적당한 거리를 두고 우정을 이어 나가는 타입이에요.

❹ 맛있는 요리를 하는 부엌

친구보다는 사랑이 중요한 유형이에요. 이로 인해 친구들이 섭섭함을 토로할 때가 종종 있지 않나요? 우정과 사랑 모두 귀중한 가치이니 우정을 잃지 않도록 정성껏 관심을 기울이고 노력을 할 필요가 있어요.

테스트 5

길을 걷는데 수상한 사람이 나를 따라오는 게 느껴졌어요.
그 사람을 피하기 위해 어디로 가면 좋을까요?

❶ 친구네 집

❷ 무인도

❸ 다른 나라

❹ 우리 집

해석

내가 친구들에게 제일 듣기 싫어하는 말은?

① 친구네 집

당신은 남들과 다른 사람이라는 말을 듣는 걸 두려워해요. 창의적이고 상상력도 풍부하지만 부끄러움이 많기 때문에 남들과 다르다는 말을 칭찬이 아니라 비난이라고 받아들이는 경향이 있지요.

② 무인도

독립심이 강하고 자기주장도 뚜렷한 편이에요. 자신의 일도 알아서 잘하기 때문에 누구에게 크게 혼나는 일도 없어요. 그만큼 스스로에 대한 확신도 강해 다른 사람의 지적을 받아들이지 못해요.

③ 다른 나라

친구들과의 우정을 매우 중시하고 이를 위해 자신을 희생하는 면도 있어요. 뭐든 함께하는 걸 좋아하기 때문에 친구들로부터 "혼자서 결정해"라는 말을 들으면 가슴 깊이 상처를 받아요.

④ 우리 집

친구들과의 관계에서도 리더가 되길 원하고, 친구의 어려움도 적극적으로 해결해 주는 해결사 역할을 맡고 있어요. 그래서 당신을 무시하는 말이나 행동에 민감하게 반응하는 면이 있답니다.

MEMO

테스트 6

가만히 있어도 땀이 줄줄 흐르는 무더운 여름,
목이 말라 편의점에 간다면 어떤 음료수를 고를 건가요?

1 시원한 생수

2 달콤한 과일 주스

3 청량감 있는 탄산 음료

4 쌉쌀한 커피

해석
친구들에게 감추는 당신의 치명적인 약점은?

❶ 시원한 생수
가족에 대한 사랑이 대단한 당신은 오히려 가족에 대한 애정이 넘쳐 가족들을 꼭꼭 숨기는 편이에요. 혹시라도 친구들이 가족에 대해 좋지 않은 말을 한다거나 안 좋은 인상을 받는 것을 극도로 두려워하지요.

❷ 달콤한 과일 주스
가까운 곳에 가더라도 옷차림과 얼굴에 신경 쓰고 유행에 뒤처지지 않으려고 노력하는 당신. 사실은 외모에 대한 콤플렉스가 있어 그에 관한 지적을 사전에 차단하고자 더욱 외모를 가꾸는 편이에요.

❸ 청량감 있는 탄산 음료
공부를 잘하고 싶지만 노력에 비해 성적이 따라 주지 않아 고민인가요? 친구들 앞에서는 공부에 관심 없는 척하지만 어떻게 하면 성적이 오를 수 있을까 늘 고민하지요.

❹ 쌉쌀한 커피
예전에 당신이 받았던 상처 혹은 실패 경험이 여전히 당신을 힘들게 하고 있네요. 그래서 가급적이면 그 이야기를 꺼내지 않으려고 노력해요. 친한 친구에게도 털어놓지 못하고요.

테스트 7

선생님이 내 얼굴을 그려 보라는 숙제를 내주셨어요.
당신은 나의 어떤 모습을 그릴 건가요?

① 앞모습

② 옆모습

③ 뒷모습

④ 추상화

해석
나와 궁합이 맞는 친구는?

① 앞모습

모나지 않은 성격에 성실한 생활 습관으로 적당히 친구들과도 잘 어울려요. 숨겨진 여러 장점을 갖고 있는 당신은 창의력이 넘치고 예술가적 기질을 가진 친구를 만난다면 무척 좋을 것 같아요.

② 옆모습

사실은 여러 친구를 사귀고 싶지만 그런 마음을 들키고 싶지 않아 일부러 퉁명스럽게 행동할 때가 있어요. 이런 당신의 속마음을 눈치 챈 친구를 만난다면 늘 자신 있게 행동하는 사람이 될 수 있어요.

③ 뒷모습

나이에 비해 조숙해요. 주로 조용하고 내성적인 유형이라 성격이 쾌활하고 관심사가 비슷한 친구를 만나면 애쓰지 않아도 성격이 적극적으로 바뀌면서 관심 분야에 대한 지식도 넓힐 수 있을 거예요.

④ 추상화

모든 일에 분명하고 정확한 성격이에요. 맡은 일에도 빈틈이 없지만 가끔 차가운 사람이라는 오해를 받아요. 게을러 보이긴 해도 모든 일에 낙천적인 친구를 사귀면 서로의 단점을 보완할 수 있답니다.

테스트 8

서프라이즈 선물을 받았어요!
택배 상자에는 어떤 물건이 들어 있을까요?

1 핸드폰

2 장난감

3 현금

4 다이어리

해석
나에 대한 내 친구의 속마음은?

❶ 핸드폰

당신이 우정을 소중히 대하는 만큼 친구들도 당신과의 우정을 소중하게 여기고 있어요. 간혹 의견이 맞지 않아 다투거나 서운한 일이 생겨도 내 친구는 좋은 사람이라고 생각하는 데는 변함이 없답니다.

❷ 장난감

왠지 비밀이 있는 친구라고 생각해요. 함께 놀러 가고 시시콜콜한 이야기도 잘 나누지만 힘든 일과 고민은 잘 이야기하지 않는 당신. 이로 인해 의도치 않게 친구를 섭섭하게 만들 수도 있어요.

❸ 현금

혹시 친구들과 하고 싶은 버킷 리스트가 있나요? 친구들은 당신을 늘 하고 싶은 일이 있는 아이, 뭔가를 먼저 제안하는 쾌활한 친구로 생각하네요. 적극적이고 행동력이 높아 친구들 무리의 리더라고 여겨요.

❹ 다이어리

당신의 가장 친한 친구는 누구인가요? 친절하고 재미있는 당신을 친구들은 마음 깊이 좋아하고 있어요. 하지만 가끔 자신이 친구들에게 좋은 사람일까 하는 불안감이 있으니 친구들에게 마음을 표현하면 좋겠어요.

MEMO

테스트 9

나에게 도움을 준 친구에게 내 마음을 표현하고 싶어요. 무엇이 좋을까요?

1. 실용적인 문화 상품권
2. 초콜릿 과자 바구니
3. 유행하는 액세서리
4. 손으로 쓴 편지

해석
당신이 원하는 친구 관계의 모습은?

① 실용적인 문화 상품권

친구를 가려 사귀는 편이지만, 그들 모두가 좋은 친구는 아니라는 점을 알아야 해요. 좋은 말만 해 주는 친구를 오히려 경계해야 할 필요도 있답니다.

② 초콜릿 과자 바구니

당신은 당신을 좋아해 주는 친구에게 호감을 느끼는 편이에요. 그러나 이것이 지나치면 친구에게 의존하게 되어 부담을 줄 수도 있어요.

③ 유행하는 액세서리

당신은 자신을 돋보이게 해 주는 친구를 원해요. 좋은 친구란 평등한 관계에서 비롯되는 것이에요. 친구를 보이는 것만으로 평가하지 말고 마음을 들여다보도록 해요.

④ 손으로 쓴 편지

당신은 약간의 허풍이나 과장이 있는 편이지만, 우정을 매우 높은 가치로 생각해요. 그렇기 때문에 진정한 친구 관계가 잘 유지되지요. 친구들은 당신을 귀엽다고 여겨요.

테스트 10

친한 친구의 생일이 일주일 앞으로 다가왔어요.
당신은 어떤 선물을 준비할 건가요?

① 내가 아끼는 물건
② 요즘 유행하는 옷
③ 친구가 갖고 싶어 한 책
④ 당신이 만든 쿠키

해석
당신에게 우정은 얼마나 중요한가?

❶ 내가 아끼는 물건

우정의 중요도는 70%. 모두와 좋은 관계를 맺기보다 내가 좋아하는 소수와 깊은 관계를 맺기 바라고 있네요. 한번 친구를 맺으면 오래 사귀지만 실망하면 단번에 관계를 끊어 내기도 해요.

❷ 요즘 유행하는 옷

우정의 중요도는 50%. 당신이 친구를 사귀는 가장 큰 이유는 사람들이 당신을 어떻게 바라보는지에 굉장히 민감하기 때문이죠. 그래서 친구가 많아 보이고 약속도 여러 개지만 정작 가까운 친구는 많지 않아요.

❸ 친구가 갖고 싶어 한 책

우정의 중요도는 90%. 우정은 당신에게 가장 중요한 관심사죠. 다만 친구들에게 일방적인 사랑을 받길 바라고 투정도 부리는 편이라 친구들이 섭섭함을 느낄 수도 있어요.

❹ 당신이 만든 쿠키

우정의 중요도는 30%. 자기 자신에 대한 애정이 강하고 매사에 자신감이 많은 스타일이에요. 친구들에게도 여러모로 도움을 주고 있지만 정작 도움받기는 싫어하죠. 관계보다는 나 자신이 제일 중요한 사람이에요.

테스트 11

청명한 가을이 찾아왔어요.
가을을 알리는 잠자리는 어떤 나무에 자리 잡았을까요?

① 가장 큰 나무
② 가장 가까운 나무
③ 가장 높은 나무
④ 가장 예쁜 나무

> 해석
남자와 여자도 친구가 될 수 있을까?

❶ 가장 큰 나무

남자와 여자도 친구가 될 수 있다고 생각해요. 그만큼 이성과의 관계를 애정으로 발전시키는 데는 서툰 편이지요. 당신에게 관심을 갖고 다가오는 사람의 마음을 잘 눈치채지 못하는 둔감한 스타일이네요.

❷ 가장 가까운 나무

남자와 여자는 절대 친구가 될 수 없다고 믿고 있어요. 그래서 동성에게 대하는 태도와 이성에게 대하는 태도에 차이가 있답니다. 이성과는 애정만 가능하다고 믿고 있기 때문에 둘의 구분을 확실하게 해요.

❸ 가장 높은 나무

좋아하는 사람과는 꼭 친구가 되고 싶어 하고, 그만큼 관계에 대해 노력하는 유형이에요. 남녀 사이에도 당연히 우정이 성립되고, 완전히 순수한 우정이 가능하다고 믿고 있어요.

❹ 가장 예쁜 나무

모두에게 상냥하고 친절한 사람이에요. 다만 관심 없는 사람에게도 같은 태도를 취하기 때문에 이성과 동성 모두에게 좋은 사람이라는 평가를 받지만 아주 가까워지기 힘든 면도 있네요.

MEMO

친구와의 여행, 얼마나 궁합이 맞을까요?

가장 친한 친구와 여행을 가기로 했어요. 평소 너무나 잘 맞는 우리지만 여행도 잘 맞을까요? 친구와 함께 아래 질문에 답하고 결과를 공유해 봐요.

질문 1
여행 비용은 어떻게 할 건가요?
1. 비용을 똑같이 나눈다.
2. 자기가 쓴 비용만 계산한다.
3. 일단 쓰고 나중에 비용을 나눈다.
4. 예산에 맞춰 사용한다.

질문 2
여행 계획은 어떻게 세우는 것이 좋나요?
1. 가능한 한 철저하게
2. 적당히 되는대로

질문 3
갑자기 하룻밤을 자고 가야 한다면 어떤 숙소에서 머물 건가요?
1. 최대한 싼 곳
2. 가성비 좋은 곳
3. 예산이 허락하는 선에서 좋은 곳
4. 평소 가 보고 싶었던 좋은 곳

MEMO

질문 4

여행을 다닐 때 당신은 어떤 교통수단을 이용하고 싶나요?

1. 두 발로 걷기
2. 버스나 지하철
3. 택시
4. 최대한 이동 안 하기

질문 5

식사 시간이 되었어요. 배가 너무 고픈데 어디서 밥을 먹으면 좋을까요?

1. 근처 아무데나
2. SNS에서 인기 있는 곳
3. 그곳의 소문 맛집
4. 가격이 저렴한 곳

질문 6

여행 계획을 세우다 보니 하루 동안 가고 싶은 곳이 너무 많아요. 친구와 가고 싶은 곳도 다르고요. 이럴 때 어떻게 할 건가요?

1. 무조건 전부 돌아본다.
2. 절반 정도만 간다.
3. 여러 곳을 가되 대충 본다.
4. 각자 가고 싶은 곳을 간다.

MEMO

해석

친구와 나의 여행 궁합은 몇 점 정도일까요? 서로 몇 개나 일치하나요?

6개 - 당장 여행을 떠나요!
최고의 여행 메이트! 하나부터 열까지 모든 것이 딱 맞네요.

5개 - 안 맞는 하나를 조율하자!
망설일 이유가 없네요. 여행 후 우정이 더 깊어질 거예요.

4개 - 우정으로 극복 가능!
이 정도면 잘 맞는 편이에요.
우정의 힘으로 안 맞는 부분을 극복할 수 있어요.

3개 - 금전적인 부분만 맞으면 OK!
혹시 예산이나 숙소 같은 금전적인 부분이 어긋나는 건가요?
서로 맞지 않는 부분은 양보하기로 해요.

2개 - 여행은 아직 일러요!
평소처럼 지낸다면 우정에는 문제가 없을 거예요.

1개 - 우리 친구 사이 맞아?
서로에 대해 잘 모르는 게 아닌가요?
이제부터 알아가 봐요.

보너스 테스트 B

다음의 네 가지 단어가 들어간 문장을 완성해 보세요.

간단한 문장이어도 좋아요. 친구와 함께하면 몰랐던 친구의 모습도 알 수 있으니 함께해 보세요.

나 | 열쇠 | 거북이 | 다리

내가 만든 문장

친구가 만든 문장

해석
나와 친구가 생각하는 인생의 모습은?

완성한 문장은 곧 내 인생을 의미한답니다.

나
자기 자신을 의미해요.

열쇠
내가 어느 정도의 부를 쌓을지를 의미해요.

거북이
나의 연인 혹은 배우자를 의미해요.

다리
어려운 일이 생겼을 때 어떻게 극복해 나갈지를 의미해요.

결과를 친구와 공유하면서 서로의 인생에 대해 이야기를 나누어 보세요!

테스트 1

기다리고 기다리던 내 생일이에요.
다음 중 당신이 받고 싶은 선물은 무엇인가요?

1 옷

2 꽃다발

3 책

4 손목시계

해석
나는 어떤 이성에게 끌릴까?

① 옷
외모, 능력 같은 조건보다는 마음이 따뜻하고 성실한 사람에게 끌리는 타입이에요. 그러나 겉모습만이 아니라 성격도 꾸며 낼 수 있답니다. 찬찬히 사람을 살피도록 하세요.

② 꽃다발
화려한 것을 좋아하는 것만큼 이성의 외모를 중시하는 편이에요. 뛰어난 패션 감각이나 세련된 면에 매력을 느껴요. 혹시 너무 외모만 보는 것은 아닌지 생각해 봐요. 겉모습이 전부가 아니라는 것을 명심하세요.

③ 책
화려한 언변이나 지적 능력이 뛰어난 사람에게 이끌리나요? 상대방의 지적인 면과 머리가 좋고 똑똑함을 좋아하면서 그런 점을 배우고 싶다고 생각하고 있어요.

④ 손목시계
당신은 나보다 재력이 많은 사람을 원하고 있어요. 만약 나보다 부유한 사람을 만난다면 감사하는 마음을 갖고, 그렇지 않더라도 상대를 무시하거나 비난하지 말도록 해요.

테스트 2

마음에 드는 이성 친구에게 책을 선물한다면 어떤 책을 선물하고 싶은가요?

① 멋진 문장이 많은 시집
② 요즘 인기 많은 소설
③ 재미있는 심리 분석 책
④ 존경하는 사람의 자서전

해석

당신이 추구하는 연애 스타일은?

❶ 멋진 문장이 많은 시집

당신은 자유로운 연애를 꿈꾸고 구속을 싫어하지만 마음에 드는 상대가 나타나면 언제든 자신의 모든 것을 걸어 연인의 마음을 얻으려 해요. 사랑에 빠지면 직진하는 헌신적인 스타일이에요.

❷ 요즘 인기 많은 소설

소설 속에 나오는 연인들처럼 아름다운 사랑을 꿈꾸고 있어요. 그러나 표현이 서툴러 막상 좋아하는 사람 앞에서 고백하길 망설인답니다. 용기를 내어 조금만 더 솔직하게 내 감정을 표현해 보세요.

❸ 재미있는 심리 분석 책

매사에 성실하기 때문에 이성을 사귈 때에도 최선을 다하는 스타일이에요. 단둘이 오붓한 시간을 즐길 때 안정감을 얻고요. 이를 위해서 부단히 노력하는 편이지요.

❹ 존경하는 사람의 자서전

좋아하는 일을 열심히 하는 반면에 자신이 싫어하는 일은 거들떠도 안 보는 경향이 있어요. 그래서 성격에 맞는 사람을 찾는 것이 최우선이에요. 때론 배려심도 필요함을 기억하세요.

테스트 3

여행을 하다 낯선 곳에서 길을 잃었어요.
밤이 되었을 때, 당신을 위협하는 것은 무엇인가요?

① 강도

② 독사

③ 식량 고갈

④ 길을 잃음

해석
당신이 연애할 때 갖는 불안감은?

❶ 강도

다른 사람의 시선을 예민하게 받아들이며 이를 확대 해석하는 경향이 있네요. 좋은 사람을 만났다면 의심은 그만! 이제 남의 시선에 신경 쓰지 말고 내 감정에 충실하도록 해요.

❷ 독사

모든 일에 의심이 많고 소심한 스타일이에요. 이로 인해 상대가 바람을 피울까 봐 걱정도 많이 하지요. 연애는 신뢰가 가장 중요해요. 의심이 불화를 키우는 법이랍니다.

❸ 식량 고갈

상대방의 마음이 식을까 늘 전전긍긍하고 있네요. 연애가 늘 처음과 같을 수는 없어요. 시간이 흐르면 설렘은 얕아져도 신뢰는 깊어지는 법. 더욱 단단한 연애를 위해 기억하도록 해요.

❹ 길을 잃음

연인이 나를 사랑하는지 끊임없이 테스트하는 당신. 의견 충돌이 있을 때마다 헤어지자는 말을 자주 하다 보면 정말 헤어질 수도 있답니다. 연인 관계에서도 신뢰가 가장 중요하다는 걸 잊지 말아요.

테스트 4

좋아하는 사람과 노래방에 갔어요.
그런데 금방 노래방을 나가고 싶어졌다면 왜일까요?

① 노래방에 흥미가 떨어져서

② 노래방 기계가 고장 나서

③ 분위기가 좋지 않아서

④ 좋아하는 노래가 없어서

> 해석

내가 사랑의 감정이 식을 때는?

❶ 노래방에 흥미가 떨어져서

최신 노래, 유행하는 옷, 어려운 방 탈출 게임 같은 새로운 자극을 추구하는 편이에요. 늘 같은 패턴을 반복하는 데이트가 계속되면 상대에 대한 마음도 식어 버리죠.

❷ 노래방 기계가 고장 나서

내 옆에 나를 사랑해 주는 사람이 있어도, 이 사람보다 더 좋은 사람이 나타나지 않을까 기대하고 있네요. 더 멋진 사람이 생기면 사랑도 옮겨 갈 수 있겠어요.

❸ 분위기가 좋지 않아서

상대방을 생각만 해도 웃음이 나고, 그리워하는 것도 좋지만 직접 만나서 이야기하고 데이트하는 걸 선호하는 타입이에요. 만남이 적어지면 마음도 멀어지기 때문에 장거리 연애는 위험할 수 있어요.

❹ 좋아하는 노래가 없어서

예의 바른 당신은 사랑도 서로에 대한 배려가 기본이라고 여겨요. 늘 투정부리고 자기만 배려해 달라고 하는 모습에 사랑의 감정이 미움이 되기도 하는 걸 잊지 말아요.

테스트 5

꿈에서 당신은 인어 공주가 되었어요. 물거품으로 사라지기 전에 마지막으로 왕자에게 한 말은 무엇일까요?

① 당신을 영원히 사랑할게요.

② 당신을 끝까지 지켜 줄게요.

③ 말을 못하게 되었으니 책임져요.

④ 당신은 너무 나쁜 사람이에요.

해석
이별 후 나의 모습은 어떨까?

❶ 당신을 영원히 사랑할게요.

상대방의 잘못으로 헤어지게 되었어도 원망하기보다는 자신의 부족함 때문이라고 스스로를 탓하는 편이에요. 외로움을 많이 타는 성격이라 이별 후유증도 크답니다.

❷ 당신을 끝까지 지켜 줄게요.

사람을 잊는 데 시간이 오래 걸려요. 이미 끝난 사이라는 걸 알면서도 좀처럼 그 사람 곁을 떠나지 못하지요. 이미 지나간 일은 되돌릴 수 없는 법. 빨리 미련을 버리도록 해요.

❸ 말을 못하게 되었으니 책임져요.

겉으로는 당당하고 도도해 보이지만 속마음은 누구보다 여린 편이에요. 남들 모르게 눈물도 많이 흘린답니다. 스스로를 충분히 다독이고 다음 만남에는 더욱 성숙해지도록 해요.

❹ 당신은 너무 나쁜 사람이에요.

이별하고 나면 상대를 원망하고, 만남 자체를 후회하는 스타일이네요. 끝이 좋지 않은 이별도 다 추억이 되고 경험이 됩니다. 그러니 있는 그대로 받아들여 보세요.

테스트 6

당신이 멀리 여행을 떠나면서 한 마리의 동물을 데려가야 한다면 어떤 동물을 고를 건가요?

❶ 펭귄

❷ 사슴

❸ 호랑이

❹ 판다

> 해석
나의 이상형은 어떤 타입일까?

❶ 펭귄

통통 튀는 스타일이 당신의 이상형이에요. 평소에는 조용하다가도 한번씩 엉뚱한 매력을 보여 주는 이성에게 호감을 느끼죠. 반전 매력을 소유한 사람이 나타난다면 당장 사랑에 빠지네요.

❷ 사슴

고운 눈망울과 윤기 나는 털을 가진 사슴처럼 수려한 외모를 가진 사람이 이상형이에요. 사실 당신은 사람의 있는 그대로를 믿는 순수한 사람으로, 어린아이 같은 면이 있어요.

❸ 호랑이

책임감이 강한 당신은 이상형도 자기 일에 최선을 다하는 건실한 사람을 선호해요. 놀 때는 신나게 놀다가도 공부할 때는 확실하게 하는 사람이 당신의 마음을 빼앗을 거예요.

❹ 판다

침대에 누워 핸드폰 하는 시간을 너무 사랑하는 당신. 의외로 이런 당신을 집 밖으로 불러내는 활달한 사람에게 매력을 느끼죠. 나와 다른 성향을 가진 모습에 끌리는 편이에요.

테스트 7

학교를 마치고 집에 돌아왔을 때,
당신이 제일 먼저 하는 일은 무엇인가요?

❶ 냉장고를 열어 본다.

❷ 일단 침대에 눕는다

❸ 집을 한번 둘러본다.

❹ 가방을 정리한다.

해석
당신이 선호하는 연애 스타일은?

❶ 냉장고를 열어 본다.

상대가 나를 좋아하는 것보다는 내가 좋아하는 대상과의 연애를 추구해요. 나의 감정이 소중한 만큼 다른 사람의 감정도 중요하답니다. 연애는 서로가 맞춰 가는 과정임을 기억하세요.

❷ 일단 침대에 눕는다.

감수성이 풍부하고 낭만을 추구하는 당신은 로맨티스트! 연애도 영화처럼 멋있는 것이라고만 생각해요. 그러다 현실의 연애에 실망한 나머지 이별을 고할 때도 있네요.

❸ 집을 한번 둘러본다.

다른 사람의 시선을 중요하게 생각하는 스타일이라 데이트도 멋지고 좋은 곳에서만 하려고 해요. 늘 완벽한 모습을 추구하느라 상대를 종종 피곤하게 만들 때가 있으니 주의하도록 해요.

❹ 가방을 정리한다.

평소 경계심이 높고 조심스러운 성격이에요. 그만큼 연애에도 매우 신중한 편이죠. 이러다 기회를 놓칠 때도 간혹 있으니 조금만 더 자신의 감정과 스스로를 믿도록 해요.

테스트 8

버스 정류장 의자에 커플이 다정히 앉아 있어요.
그들 사이에 놓인 물건은 무엇일까요?

① 다양한 책

② 예쁜 꽃다발

③ 커다란 선물 상자

④ 여자의 가방

해석
나에게 어울리는 연애 상대는?

❶ 다양한 책

연애보다는 당장의 공부와 일이 중요하다고 생각하고 있어요. 그래서 당신에게 다가오는 사람도 밀어내는 경우가 있어요. 이런 당신에게는 당신의 우선순위를 잘 이해해 줄 수 있는 사람이 좋아요.

❷ 예쁜 꽃다발

사랑에 빠지면 앞뒤 재지 않고 돌진하는 타입이에요. 낭만적인 당신은 운명적인 만남을 기대하고 있지는 않나요? 오히려 현실적이고 차분한 사람이 균형을 잡아 줄 거예요.

❸ 커다란 선물 상자

이성에 대해 막연한 두려움을 갖고 있어 연애 경험이 많지 않아요. 그래서 이성에게 마음을 표현하는 데도 서툴지요. 연애 경험이 풍부한 사람을 만나면 편안히 관계를 이어 나갈 수 있어요.

❹ 여자의 가방

과거에 사랑 때문에 커다란 상처를 받은 적이 있는 당신. 그래서 새로운 사람을 만나는 데 두려움이 있어요. 한없이 넓은 마음과 진실한 마음을 가진 사람이라면 과거를 잊을 수 있지 않을까요?

MEMO

테스트 9

집에서 키우고 있는 고양이가 없어졌어요.
고양이는 대체 어디에 있는 걸까요?

1. 우리 집
2. 큰길가
3. 놀이터
4. 옆집

> 해석
당신이 원하는 첫 데이트 장소는?

❶ 우리 집

익숙하지만 가장 편안한 장소를 선호해요. 학교, 당신 혹은 상대의 집 같은 일상적인 공간에서 첫 데이트를 시작하여 안정적인 관계로 만들고 싶은 바람을 갖고 있네요.

❷ 큰길가

장소는 상관없다고 말하지만 사실은 둘만 있을 수 있는 사람들이 다니지 않는 공원이나 모두가 집으로 돌아간 교실 같은 은밀한 장소를 바라고 있어요. 당신은 둘만의 추억을 아주 중요하게 생각하고 있어요.

❸ 놀이터

피자나 스테이크 같은 당신이 평소에 좋아하는 음식을 먹으면서 데이트하고 싶어 해요. 사랑하는 사람과 맛있는 음식을 먹으며 이야기하는 것을 가장 좋은 데이트라고 생각하기 때문이에요.

❹ 옆집

당신과 상대, 둘 다 한 번도 가지 않은 새롭고 색다른 장소에서 첫 번째 데이트를 하는 것에 의미를 부여해요. 난생처음으로 가 본 장소라는 점이 당신을 짜릿하게 만든답니다.

테스트 10

산타 할아버지로부터 크리스마스 선물이 도착했어요.
선물 상자 안에는 무엇이 들어 있을까요?

① 갖고 싶던 목걸이

② 무엇이든 살 수 있는 돈

③ 마음을 적는 일기장

④ 신기하게 생긴 돌멩이

> 해석

당신이 견디기 힘들어하는 상대방의 성격은?

❶ 갖고 싶던 목걸이

자기 기준이 분명하고 주관이 있는 상대를 좋아해요. 하지만 그 기준에 조금만 어긋나거나 나의 작은 실수 하나도 이해하지 못하고 가르치려고 하는 사람과의 연애는 당신을 무척 힘들게 해요.

❷ 무엇이든 살 수 있는 돈

나의 연인에게 너무 많은 이성 친구가 있을 때 당신은 매우 불안해하는 스타일이에요. 매력이 넘치고 인기많은 사람과의 연애는 당신을 불안하게 하기 때문에 꺼리는 편이에요.

❸ 마음을 적는 일기장

당신과 만나기 전에 그 사람이 누구와 만났는지, 어떻게 행동했는지, 혹시 나보다 더 사랑했는지 등 지나간 과거에 연연하고 있지는 않나요? 지금에 충실하도록 노력해 봐요.

❹ 신기하게 생긴 돌멩이

연애도 티키타카가 중요하다고 여기는 스타일이네요. 그래서 당신의 농담을 잘 이해하지 못하거나 코드가 다르면 지루하고 재미없다고 여기죠. 답답한 게 제일 싫은 당신이에요.

테스트 11

사랑하는 사람에게 늘 나를 생각하라는 의미로
동물 인형을 선물한다면 어떤 인형이 좋을까요?

① 강아지

② 고래

③ 코끼리

④ 고양이

해석
내가 연인에게 바라는 것은 무엇일까?

❶ 강아지

힘들어 투정을 부리거나 작은 일에도 짜증을 내는 당신을 언제나 한결같은 모습으로 안아 주는 '포용력'. 이것이야말로 외모도 능력도 아닌 당신이 연인을 사랑하는 가장 큰 이유라고 할 수 있어요.

❷ 고래

나를 배려하는 모습보다 나를 '리드'하는 모습에서 이성적인 매력을 느끼지 않나요? 그래서 멀리서 마음을 표현하는 것보다 당신에게 당당하게 다가오는 사람과 사랑에 빠지네요.

❸ 코끼리

얌전하고 성실한 당신은 나와 정반대의 성향을 가진 승부욕이 강한 이성에게 이끌려요. 그런 상대에게 바라는 것은 한 번도 경험하지 못한 '자극'. 의외의 열정을 숨기고 있는 스타일이라고 할 수 있어요.

❹ 고양이

당신이 연인에게 바라는 것은 '인정'이에요. 열심히 공부하고 모든 일에 최선을 다하는 것도 사실은 사랑하는 사람에게 조금 더 멋있어 보이기 위함이죠. 그런 모습이 당신을 더욱 발전시키니 바람직하네요.

MEMO

보너스 테스트 A

우리는 얼마나 잘 맞는지 궁금한가요?
나와 상대의 짝꿍 지수를 알아봐요!
다음 다섯 개의 질문에 차례대로 답해 봐요.

질문 1

두 사람은 어디에서 처음 만났나요?

1. 학교 또는 학원에서
2. 동아리 모임에서
3. 누군가의 소개로
4. 온라인을 통해

질문 2

당신과 당신의 애인은 둘의 미래에 관해 대화를 나눈 적이 있나요?

1. 자주 나눈다.
2. 이야기한 적은 있지만 농담처럼 한다.
3. 진지하게 대화한 적은 없지만 서로 생각은 하고 있다.
4. 생각조차 해본 적이 없다.

질문 3

둘이서 함께 알고 있는 친구가 있나요?

1. 대부분을 알고 있다.
2. 몇몇만 안다.
3. 이름 정도만 알고 있다.
4. 전혀 알지 못한다.

질문 4

오늘은 영화를 보기로 한 날이에요.
무슨 영화를 볼지 어떻게 정하나요?

1. 상대방에게 선택권을 준다.
2. 내가 선택한다.
3. 함께 보고 싶은 것을 본다.
4. 매번 보고 싶은 게 달라 결정이 어렵다.

질문 5

서로의 유머 감각에 대해 어떻게
생각하고 있나요?

1. 나에게는 너무 재미있는 사람이다.
2. 유머 감각이 없다.
3. 누구에게나 재미있는 사람이다.
4. 매번 진지하고 농담은 하지 않는다.

MEMO

해석
우리는 얼마나 잘 맞을까?

내가 고른 보기의 번호가 점수예요. 1번=1점, 2번=2점, 3번=3점. 점수에 따라서 고른 번호를 모두 더해 보세요.

4점부터 6점까지 - 우리는 천생연분 커플!

항상 서로를 생각하고, 언제나 상대의 입장부터 생각하고 있네요. 서로가 없는 삶은 상상도 할 수 없다고 여기고 있는 환상의 커플이에요. 아직은 먼 미래지만 인생의 동반자로 여기고 있어요.

7점부터 10점까지 - 우리는 누가 봐도 예쁜 커플!

두 사람의 친구들 모두가 인정하는 사랑꾼 커플이에요. 너무나 잘 어울리는 만큼 큰 다툼도 없어요. 너무 둘만의 시간을 보내는 것은 자칫 피곤해질 수도 있으니 각자의 시간도 조금은 가져 봐요.

11점부터 13점까지 - 아직은 풋풋한 커플!

활활 불타오르고 있는 커플이에요. 지금 함께하는 이 순간이 가장 행복하고 즐겁죠. 그러나 지금의 감정이 조금씩 식을 때가 올 거예요. 그러니 항상 상대방을 배려하고 존중해 주세요. 그리고 단점도 포용하는 자세가 필요하답니다. 시간이 지나면 사랑이 더욱 단단해질 거예요.

14점부터 16점까지 - 사교성은 없어도 진심인 커플!

최근 들어 작은 일에도 다툼이 생기지 않나요? 그래도 서로를 사랑하는 마음은 진심이에요. 다만 서운한 점이 있다면 그때그때 대화로 풀어가는 게 중요해요. 마음속에 쌓아두다 보면 이별의 원인이 될 수 있어요. 그걸 바라는 건 아니죠?

보너스 테스트 B

연인과 함께 데이트 코스를 계획해 봐요. 다음 7개의 질문에 각자 답을 고른 다음 한번에 결과를 확인해 봐요.

질문 1
두 사람이 만날 약속 장소는 어디인가요?
1. 지하철 역
2. 카페

질문 2
살짝 목이 말라 편의점에서 음료수를 사 먹으려고 해요. 무엇이 좋을까요?
1. 달콤한 과일 음료
2. 청량한 탄산 음료

질문 3
놀이공원에 도착했어요. 함께 타고 싶은 기구는 무엇인가요?
1. 빙글빙글 회전목마
2. 스릴 만점 롤러코스터

질문 4
카페에 가서 잠시 쉬기로 했어요. 어떤 자리에 앉을 건가요?
1. 마주 보고 앉는 자리
2. 나란히 앉는 자리

질문 5

다음으로 영화를 보기로 했어요. 지금 가장 인기 있는 두 영화 중 무엇을 고를 건가요?

1. 로맨틱 코미디 영화
2. 무시무시한 공포 영화

질문 6

영화관 안으로 들어가는데 친구를 만났어요. 연인과 친구 중 누구를 먼저 소개할 건가요?

1. 친구를 먼저 연인에게 소개한다.
2. 연인을 먼저 친구에게 소개한다.

질문 7

집으로 가야 할 시간이지만 헤어지기 아쉬워요. 어떻게 할 건가요?

1. 내일을 위해 헤어진다.
2. 공원 한 바퀴를 걷는다.

MEMO

해석
나와 그 사람이 사랑에 빠지는 속도는?

7개의 질문에서 서로 일치하는 정답의 개수를 모두 세어 보세요.

0~2개 - 진전 속도 10%

누가 나를 좋아한다고 해도 쉽사리 믿지 못하고, 상대의 마음도 잘 눈치 채지 못하는군요. 연애를 시작하기도, 관계가 진전되는 것도 쉽지 않겠어요.

3~4개 - 진전 속도 30%

아직도 썸인지 아니면 단순한 친구 사이인지 헷갈리고 있나요? 망설이다가는 연인으로 발전할 기회를 놓치고 말아요. 조금만 용기를 내면 사랑하는 사람의 마음을 잡을 수 있어요.

5~6개 - 진전 속도 60%

마음에 드는 사람을 내 사람으로 만들 수 있는 매력과 친화력을 겸비하고 있네요. 하지만 금방 마음을 주기보다는 천천히 사랑에 빠지는 신중한 스타일이에요.

7개 - 진전 속도 90%

한눈에 사랑에 빠지는 유형이에요. 한번 사랑에 빠지면 그 사람 외에는 아무것도 보이지 않아요. 다만 너무 빠르면 마음도 금방 식을 수가 있어요.

보너스 테스트 C

나도 달콤한 사랑의 주인공이 될 수 있을까요?

1~10까지의 질문에서 내 이야기가 맞으면 '예', 내 이야기가 아니면 '아니요'를 고르세요. 다 푼 다음 해당되는 점수표에 내 점수를 모두 더해 봐요.

	1	2	3	4	5	6	7	8	9	10
예	0	0	1	1	1	1	1	1	0	1
아니오	1	1	0	0	0	0	0	0	1	0

1. 어려운 고전이나 추천 도서보다는 만화나 공포가 더 재미있다.
2. 체육 시간 외에도 따로 운동하기를 좋아한다.
3. 다른 사람이 무심코 던진 말에 상처받을 때가 여러 번 있다. 또 쉽게 잊히지 않는다.
4. 친구들은 잘 모르지만 나만 알고 있는 음악이나 영화가 제법 있다.
5. 아무 이유 없이 사람들과의 이별이나 죽음을 떠올릴 때가 종종 있다.
6. 사람들 앞에서 주목받는 것을 좋아한다.
7. 내 인생은 아직 시작도 안 했고 앞으로 잘될 것이라고 강하게 믿고 있다.
8. 숙제 때문이 아니어도 매일 일기를 쓴다.
9. 연애라는 말을 들으면 왠지 기분이 들뜬다.
10. 지금까지 내가 좋아했던 사람은 나를 좋아하지 않았다.

> 해석
당신의 연애 성공 지수는?

9~10점
사랑에 목마른 연애 프로 (연애 성공 지수 80%)

공감하는 연애를 위해 태어난 사람이라고 할 수 있을 정도로 감수성이 예민해요. 또 다른 사람의 감정에 쉽게 공감해 주지요. 그래서 연애 성공률도 높은 편이에요. 언제든 연애를 할 준비가 되어 있고 한번 연애를 시작하면 물불을 가리지 않는답니다.

6~8점
이성에게 환상을 가진 사랑꾼 (연애 성공 지수 60%)

드라마나 영화에서 봤던 멋진 연애를 언젠가 해보고 싶다는 생각을 하고는 있지만, 현실의 사랑과 항상 꿈꾸던 이상적인 사랑의 차이를 극복하는 것이 쉽지 않아요. '설렘'이 가득한 이상을 버리지 못하기 때문이죠. 조금 더 현실에 눈을 뜰 필요가 있겠어요.

3~5점
두근거림이 금방 끝나는 현실주의자 (연애 성공 지수 40%)

언제나 다른 사람들의 눈을 의식하고 현실 문제를 먼저 생각해요. 그래서 로맨틱한 분위기가 만들어지더라도 금방 깨어나 현실로 돌아오곤 하지요. 책이나 영화에서 설레는 장면을 보면, 나는 절대 그렇게 할 수 없을 거라며 얼굴을 붉히곤 해요. 그래서 좋은 사람을 만나도 좀처럼 연애로 이어지지 않아요.

1~2점
아직은 연애가 어려운 모태 솔로 (연애 성공 지수 20%)

감정의 동요가 거의 없고 다른 사람의 마음을 이해하는 것이 어려워요. 아직은 연애하기가 무척이나 힘든 타입이지요. 그렇다고 너무 좌절하지 말아요. 매력이 없는 게 아니랍니다. 연애도 용기와 끈기를 가지고 노력하는 자세가 필요해요. 당장은 조금 힘들어도 꾸준히 노력해 봐요.

테스트 1

어느 날 당신이 우주여행을 떠나게 된다면
어느 곳으로 떠나고 싶은가요?

① 지구에서 보이는 달

② 외계인이 살고 있는 화성

③ 태양계에서 제일 큰 목성

④ 아주 먼 은하계

해석
나와 잘 어울리는 직업은?

① 지구에서 보이는 달

당신은 지극히 현실적인 사고방식을 갖고 있어요. 안정을 추구하기 때문에 불안정한 직업보다는 소득이 적더라도 공무원이나 교직원 같은 안정적인 직업이 어울려요.

② 외계인이 살고 있는 화성

도전과 모험을 즐기는 스타일로, 새로운 사람을 만나 관계 맺는 것을 즐기는 편이에요. 이런 장점을 살려 웨딩 플래너나 세일즈맨 같은 여러 사람을 만나는 직업이 좋아요.

③ 태양계에서 제일 큰 목성

당신은 사회적으로 부지런히 일하며 활약하고 싶은 꿈을 갖고 있어요. 그러나 조금은 자기중심적인 사고를 지녔기 때문에 반복적 업무보다는 사건을 쫓는 기자나 방송 계열 직업이 맞을 듯 해요.

④ 아주 먼 은하계

늘 새로운 모험을 꿈꾸는 당신에게는 창의력 넘치는 창작자나 예술가가 잘 어울려요. 불안정한 생활을 각오해야 하지만 특유의 긍정적인 사고로 얼마든지 극복할 거예요.

테스트 2

당신에게 어느 날, 남다른 초능력이 생긴다면 어떤 능력을 원하나요?

① 시간 여행
② 투명 인간
③ 예언 능력
④ 변신 능력

> 해석
나의 장점을 잘 발휘할 수 있는 분야는 무엇일까?

❶ 시간 여행

호기심이 많은 유형이에요. 궁금한 것이 많아 왜 그런 일이 벌어졌는지 분석하는 데에도 능하지요. 기자, 연구원 같은 직업 분야가 이런 장점을 잘 살릴 수 있을 거예요.

❷ 투명 인간

당신은 남들이 잘 보지 못하는 것들을 찾는 데 뛰어나요. 추리 능력도 출중하기 때문에 작가, 형사 같은 상황 판단 능력과 창의력이 모두 필요한 분야가 잘 맞아요.

❸ 예언 능력

한번 마음먹은 일은 반드시 이뤄내는 인내심을 갖고 있어요. 뚝심 있게 맡은 바 일을 다해야 하는 행정가, 과학자 같은 다른 사람이 어려워하는 일도 잘 해낼 듯해요.

❹ 변신 능력

낯선 사람과도 금방 친구가 되는 타고난 친화력을 소유한 스타일이에요. 여러 사람을 만날 수 있는 연예인, 가수 같은 끼를 발휘할 수 있는 분야에서 직업을 가지면 좋아요.

테스트 3

아래 그림에 있는 여러 가지 사물들 가운데 가장 먼저 눈에 들어오는 것은 무엇인가요?

① 낙엽

② 밤이 든 바구니

③ 도끼

④ 고구마

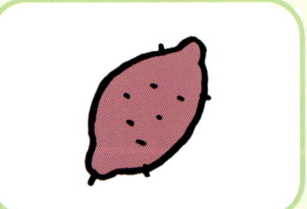

해석
당신 안에 숨어 있는 적성은?

① 낙엽
관찰과 분석 능력이 탁월하네요. 아무도 눈치채지 못하는 친구의 마음 상태, 일의 결과까지도 잘 예측해 내지요. 이런 장점이 적성을 살려 직업을 찾는 데도 크게 도움이 될 거예요.

② 밤이 든 바구니
다른 사람들이 봤을 때 당신은 똑똑한 사람이에요. 또 한번 마음먹은 일에 대해서는 집중하는 편이라 모두가 어려워하는 일도 척척 잘 해결해 내지요.

③ 도끼
당신은 타고난 리더 체질이에요. 독불장군형이 아니라 배려와 인내심을 가진 유연한 리더이기 때문에 사람들이 자연스럽게 당신 주변으로 몰리고, 리더 역할을 맡을 때가 많아요.

④ 고구마
첫인상과 달리 의외로 단순한 구석이 있어요. 복잡한 것은 딱 질색이라 어려운 일을 만나면 일단 피하려고 해요. 막상 맡으면 잘 해내기 때문에 인내심을 기를 필요가 있어요.

MEMO

테스트 4

새로 산 물건의 환불 기간이 하루 지나고 말았어요.
마음에 안 드는 이 물건을 어떻게 할 건가요?

❶ 그냥 사용한다.

❷ 환불 대신 교환한다.

❸ 사정해서 환불한다.

❹ 고객 게시판에 글을 쓴다.

해석
나는 어떤 부분에 재능이 있을까?

❶ 그냥 사용한다.

깊이 있는 지식으로 주변에 도움을 주고 기쁨을 얻는 것이 당신이 가진 장점이에요. 겸손한 태도를 겸비한다면 당신에게 고마움을 느끼는 사람이 많을 거에요.

❷ 환불 대신 교환한다.

친구들 사이에서 늘 새로운 유행을 알려 주거나, 혹은 유행을 만드는 사람이에요. 센스 넘치는 당신은 친구는 물론 모든 사람에게 인기가 많아요. 이 장점을 계속 발전시키면 좋겠어요.

❸ 사정해서 환불한다.

당신은 눈치가 빠르고 센스 있게 말하는 것이 장점이에요. 말을 공손하고 조리 있게 잘하면 어려운 일도 해결할 수 있어요. 그러나 자신이 하는 말로 다른 사람을 상처 주지 않도록 조심하는 것이 좋아요.

❹ 고객 게시판에 글을 쓴다.

자신의 얼굴, 몸매에 자부심을 갖고 있어요. 수려한 외모로 인해 여럿이 있어도 단연 눈에 띄죠. 그래서 원하지 않아도 리더로 추천을 받거나 그런 역할을 할 때가 종종 생겨요.

테스트 5

다음 네 가지 상황 중 당신이 가장 행운이라고 생각하는 것은 무엇인가요?

❶ 지각했지만 선생님도 늦어서 혼나지 않았다.

❷ 내가 찍은 시험 문제의 답이 정답이었다.

❸ 인기 많은 맛집의 마지막 손님으로 입장했다.

❹ 지갑을 주웠는데 주인이 고맙다고 사례했다.

해석
당신의 카리스마 지수는?

❶ 지각했지만 선생님도 늦어서 혼나지 않았다.

카리스마 지수 100%. 특히 자신 있는 분야에서 뛰어난 능력을 보여 주어요. 무엇보다 나도 상대도 즐겁게 만드는 데 재능이 있어 인기 있는 리더가 될 확률이 높아요.

❷ 내가 찍은 시험 문제의 답이 정답이었다.

카리스마 지수 70%. 타고난 리더 체질은 아니지만 자신이 나서야 할 때는 앞으로 나서는 편이에요. 당신은 자신이 속한 그룹에 따라 다른 역할을 맡아요.

❸ 인기 많은 맛집의 마지막 손님으로 입장했다.

카리스마 지수 10%. 카리스마 지수가 낮다고 실망하지 마세요. 늘 사근사근하고 매사에 신중한 당신은 어디에 가도 성실히 자신의 몫을 하기 때문에 좋은 사람이라고 평가받아요.

❹ 지갑을 주웠는데 주인이 고맙다고 사례했다.

카리스마 지수 30%. 카리스마란 겉모습이 아닌 내면의 단단함에서 오는 것이라 믿고 있는 유형이에요. 누구보다 강직한 마음이 당신의 장점이에요.

테스트 6

배가 고파 주방에 들어가 보니 먹을 것이 아무것도 없어요.
당신이라면 어떻게 할 건가요?

① 집에 있는 재료로 음식을 만든다.

② 먹고 싶은 음식을 배달 주문 한다.

③ 밖에서 음식을 사서 돌아온다.

④ 친구를 불러 밖에서 먹는다.

> 해석
당신이 성공하기 위해 꼭 고쳐야 하는 습성은?

❶ 집에 있는 재료로 음식을 만든다.

사소한 일에서부터 막중한 일까지 자신이 맡은 일에 책임을 다하는 당신. 반면 결정을 내려야 할 때 머뭇거리는 안 좋은 버릇이 있네요. 행동할 때는 과감하게 행동하도록 해요.

❷ 먹고 싶은 음식을 배달 주문 한다.

항상 일의 큰 그림을 보기 때문에 결단력도 빠르고 추진 능력도 좋아요. 문제는 세부적인 것에서 나온다는 사실을 잊지 마세요.

❸ 밖에서 음식을 사서 돌아온다.

문제 상황에서 아무도 생각하지 못한 독특한 해결 방법을 제시해요. 이런 창의성도 단단한 기본기에서 나오는 법이죠. 내 분야에서의 지식 쌓기가 큰 자산이 될 거예요.

❹ 친구를 불러 밖에서 먹는다.

쾌활하고 유머러스한 당신이지만 덜렁대는 점이 단점이에요. 잘 웃는 모습이 때론 일을 대충 한다는 인상을 남길 수도 있답니다. 조금 더 주변을 둘러보는 습관을 갖는 게 좋겠어요.

테스트 7

소중한 친구가 준비하던 시험에서 떨어져 낙심하고 있어요.
친구를 위로하기 위해 어떤 말을 하면 좋을까요?

① 다음에 잘하면 돼.

② 넌 할 수 있어.

③ 많이 힘들겠네.

④ 떨어질 수도 있지.

> 해석

당신이 자신의 일에서 만족감을 느낄 때는?

❶ 다음에 잘하면 돼.

늘 반짝이는 아이디어가 넘치는 당신은 일하는 데 있어서도 재능과 창의력에 대한 칭찬을 받을 때 가장 힘이 샘솟죠. 무한한 상상력이 최고의 무기라 할 수 있어요.

❷ 넌 할 수 있어.

불평이 있어도 이를 잘 드러내지 않고 묵묵히 일하는 유형이에요. 그래서 당신이 얼마나 힘든지 주변에서 잘 모르기도 하지만 성실한 모습을 인정받을 때 큰 만족을 느끼곤 해요.

❸ 많이 힘들었겠네.

자신감이 넘치고 일에 있어서도 완벽을 추구하는 유형이에요. 그래서 오히려 상대의 반응에도 예민한데, 자신이 한 일에 대해 "완벽하다"는 말을 들을 때를 가장 좋아해요.

❹ 떨어질 수도 있지.

친구에게는 따뜻한 위로를 건네지만 자기 자신에게는 엄격한 기준을 들이대요. 이런 스타일은 타인의 평가보다는 스스로 만족감을 느낄 때 일에 대한 성취를 얻는답니다.

테스트 8

바람마저 달콤하게 느껴지는 봄이에요. 창밖을 보니 날씨가 너무 좋네요. 이때 드는 생각은 무엇인가요?

① 빨리 여름이 왔으면….

② 여행 가고 싶다.

③ 가뭄인데 비나 오지.

④ 하늘이 솜사탕 같다.

해석
나는 지금 내가 하고 있는 일에 만족하고 있을까?

① 빨리 여름이 왔으면….

일에 대한 스트레스가 위험 수준에 달해 있어요! 이대로 자기 자신을 방치하다가는 큰일이 생길 수도 있으니, 아주 조금이라도 여유 시간을 갖는 게 좋겠네요. 스스로를 잘 다독일 필요가 있어요.

② 여행 가고 싶다.

일이 아닌 다른 이유로 조금 지쳐 있는 상태예요. 예전처럼 의욕도 나지 않고 결과도 불만족스러워 속으로 끙끙 앓고 있는 건 아닌가요? 시간이 지나면 다 해결될 테니 너무 조급하지 말도록 해요.

③ 가뭄인데 비나 오지.

요즘 들어 일에 대해 무감각해졌어요. 좋은 것도 싫은 것도 없는 상태라고 할 수 있지요. 불만이 있는 건 아니지만 뭔가 변화가 필요하다고 느끼고 있는 중이에요.

④ 하늘이 솜사탕 같다.

당신은 지금 자신이 하고 있는 일에 더할 나위 없이 만족하고 있어요. 성격 자체가 긍정적인 편이라 웬만한 어려움은 씩씩하게 이겨 내는 스타일이기도 하죠.

테스트 9

매일 밤 보이던 별이 무슨 일인지 오늘은 보이지 않아요. 무슨 이유 때문일까요?

① 다른 별과 충돌해 부서졌다.

② 수명이 끝나 소멸했다.

③ 구름에 감추어진 것이다.

④ 사실 별은 내 상상이었다.

해석
미래에 당신의 삶은 어떻게 흘러갈까?

① 다른 별과 충돌해 부서졌다.

평소에는 조용하여 눈에 잘 띄지 않지만 아주 큰일이 닥쳤을 때 영웅처럼 자신을 희생하면서 문제를 해결할 수도 있어요. 가장 드라마 같은 삶이 펼쳐질 가능성이 높아요.

② 수명이 끝나 소멸했다.

당신은 평범하지만 충실한 인생을 살게 될 것이에요. 어떻게 보면 재미없다고도 생각할 수 있지만 큰 고통이나 시련을 겪지 않기 때문에 매일매일 무탈하고 감사한 삶이라고 할 수 있어요.

③ 구름에 감추어진 것이다.

타인과의 관계에 신경 쓰고 늘 그들을 배려하는 따뜻한 당신. 그 때문인지 주변에 좋은 사람이 많이 있네요. 이따금 다투는 일이 생길지라도 다시 당신의 편이 되어 주어요.

④ 사실 별은 내 상상이었다.

다른 사람과 비슷한 삶을 거부하는 당신. 평범하게 살기보다는 화려한 삶을 살길 바라고 있죠. 이를 위해서는 주변 사람들과의 원만한 관계도 중요함을 잊지 말도록 해요.

테스트 10

친구를 집에 초대했어요.
친구를 위해 당신이 준비한 요리는 무엇인가요?

① 당신이 직접 만든 주먹밥

② 최고급 스테이크

③ 탕수육과 짜장면

④ 패스트푸드

해석
당신이 꿈꾸는 미래의 당신의 모습은?

① 당신이 직접 만든 주먹밥

작은 일도 계획을 세우고 거기 맞춰 진행하는 게 가장 편한 유형이에요. 미래도 어느 정도 설계해 둔 상태로, 분명한 목표가 있지요. 미래는 아무도 모르니 완벽한 계획보다는 방향에 집중하도록 해요.

② 최고급 스테이크

당장은 미래에 대한 구체적인 계획이나 이를 위해 준비하는 건 없지만 막연한 기대가 있네요. 마음 속으로 나는 잘 될 것이라 믿고 있어요.

③ 탕수육과 짜장면

보기보다 걱정이 많아, 노력하고 있음에도 불행이 닥치지 않을까 염려하나요? 하지만 행동보다는 생각만 하고 실행하지 않는 면도 있어요. 뭐든 행동하지 않으면 아무 결과가 없으니 실행에 옮기도록 해요.

④ 패스트푸드

이미 지나간 일에 대해 미련이 많은 편이에요. 그때 내가 이랬으면 얼마나 좋았을까, 하고 자주 후회하지요. 중요한 것은 현재와 앞으로 다가올 미래예요. 그러니 현재에 집중하는 것이 좋겠어요.

보너스 테스트 A

자연스럽게 깍지와 팔짱을 낀 후 다음 질문에 답해보세요. 여러 명이 함께해도 좋아요.

질문 1

깍지를 꼈을 때 어떤 손 엄지가 아래에 있나요?

1. 오른손 ☐   2. 왼손 ☐

질문 2

팔짱을 꼈을 때 어떤 팔이 아래에 있나요?

1. 오른팔 ☐   2. 왼팔 ☐

> **해석**
>
> # 나는 우뇌형 인간일까, 좌뇌형 인간일까?

1. 깍지 - 왼손, 팔장 - 왼팔 : 꼼꼼하고 착실한 타입

성격: 옳고 그름을 철저하게 따지는 편이에요. 그래서 상대방의 마음을 헤아리는 데는 조금 부족해요. 어려워하기도 하고요. 대신 논리력이 좋지요.

직업: 문제의 해답을 찾는 데 자신이 있어요. 원인과 결과 분석 같은 일을 좋아하죠. 노력과 끈기가 필요한 학자나 연구원, 혹은 사무직이나 공무원이 어울려요.

2. 깍지 - 왼손, 팔장 - 오른팔 : 자상하고 의젓한 타입

성격: 다른 사람의 마음을 잘 헤아리고, 친구들에게도 언니, 형 역할을 도맡아 해요. 리더형은 아니지만 조력자로 자기 역할을 잘 해내죠. 친구들에게도 인기가 많아요.

직업: 사람과의 소통을 잘하기 때문에 여러 사람을 만나는 일에 재능이 있어요. 컨설턴트, 선생님 등의 일을 하면 잘할 거예요.

3. 깍지 - 오른손, 팔장 - 왼팔 : **승부욕이 강한 타입**

성격: 승부사 기질이 있고 날카로운 첫인상과 달리 의외로 정에 약해요. 불쌍한 사람을 지나치지 못하죠. 직감과 이성의 균형이 잘 잡혀 있어 리더 역할도 잘 해내죠.

직업: 시키는 일을 하기보다는 스스로 일하는 걸 선호해요. 재주가 많아서 여러 분야에서 두각을 드러내죠. 반면 단순한 일, 반복되는 일은 지루해 못 견뎌 해요.

4. 깍지 - 오른손, 팔장 - 오른팔 : **언제나 웃는 낙천가 타입**

성격: 꾸밈없이 솔직하고 자신의 감정과 개성을 있는 그대로 드러내는 스타일이에요. 최고의 분위기 메이커이기도 하지만 감정 기복이 조금 있는 편이지요.

직업: 자신의 감각을 최대한으로 끌어올릴 수 있는 분야의 일이 맞아요. 연예인이 천직이라 할 수 있겠네요. 반면에 여럿이 함께하는 건 어려워하는 편이에요.

나는 리더 역할을 얼마나 잘 해낼까요?

1~10까지의 문제에서 내 이야기가 맞으면 '예', 내 이야기가 아니면 '아니요'를 고르세요. 다 푼 다음 해당되는 점수표에 내 점수를 모두 더해 봐요.

	1	2	3	4	5	6	7	8	9	10
예	0	0	1	1	1	1	1	1	0	1
아니오	1	1	0	0	0	0	0	0	1	0

1. 누군가와 대화 할 때 내 이야기를 하기보다 다른 사람 이야기를 듣는 게 좋다.

2. 내가 다른 사람보다 잘났다고 여겨지면 왠지 모를 우월감이 생긴다.

3. 중요한 일을 결정할 때 나는 누군가에게 조언을 구하고 가급적이면 그 조언에 따르는 편이다.

4. 내가 예측해서 말하는 것은 언제나 잘 맞는 편이다.

5. 셀카 찍는 것을 좋아하지만 사진보다는 실물이 낫다.

6. 내가 한 일도 아닌데 의심을 받으면 화가 난다.

7. 가족의 평화를 위해서 부모님 말씀을 꼭 따르려고 노력하는 편이다.

8. 주변에 진정한 우정을 나누는 친구가 많다고 생각한다.

9. 사람들 앞에서 손을 들고 발표하면 기분이 좋다.

10. 한번 의심을 시작하면 멈출 수가 없다.

> **해석**
>
> # 내가 리더가 된다면
> # 어떤 모습일까?

9~10점

이 시대 최고의 리더일 가능성이 있음 (리더십 지수 90%)

당신은 자신이 가진 능력을 최대한 발휘하고 자신만의 매력으로 주변 사람들을 사로잡는 능력이 있어요. 그래서 어떤 자리에 있든 리더 역할을 곧잘 하지요. 하지만 내면을 가꾸려고 노력하지 않는다면 사기꾼처럼 보일 수도 있어요. 스스로 참된 리더가 되길 바란다면 책을 많이 읽고 바른 인성을 기르도록 노력할 필요가 있어요.

6~8점

리더가 되기에 아주 조금 모자람 (리더십 지수 60%)

살짝 아쉽지만 노력하면 충분히 훌륭한 리더가 될 수 있는 자질이 있어요. 리더는 타고난 자질로만 만들어지는 게 아니랍니다. 내가 다른 사람보다 잘하고 노력할 수 있는 영역에서의 능력을 기른다면 얼마든지 좋은 리더가 될 수 있어요. 그러니 실력을 키우는 것을 가장 중점으로 생각해 보세요.

3~5점
리더를 보조하는 역할이 어울림 (리더십 지수 30%)

리더보다는 리더를 채워 주는 역할이 더 잘 어울려요. 당신은 다른 사람을 통솔하기보다는 묵묵히 자신에게 주어진 역할에 충실한 편이에요. 또 스스로 그런 역할을 편하게 생각하지요. 그렇다고 섭섭해하지는 말아요. 자신의 역할에 충실한 사람도 리더 못지않게 사람들의 존경을 받을 수 있답니다.

1~2점
리더가 되고 싶다면 엄청난 노력이 필요함 (리더십 지수 10%)

당신에게는 리더십이 많이 부족해 보이네요. 리더가 될 수 없다는 건 아니지만 리더 역할을 바란다면 엄청난 노력이 필요해요. 꼭 알아 두어야 할 게 있어요. 리더가 되기 위해 내 모습이 아닌 다른 모습으로 살고, 스스로에게 너무 혹독하거나 자신을 깎아내릴 필요는 없답니다. 리더는 아주 소수의 사람이에요. 내가 잘하는 일을 찾고 거기서 즐거움을 느끼는 것으로도 충분해요.

글 **이경주**

어렸을 때부터 책 읽는 것을 좋아해 대학에서 국어국문학을 전공하고
자연스럽게 책 만드는 일을 시작했어요. 지금은 어린이가 재미있게 읽을 수 있고,
학교 공부에도 도움이 되는 책을 만들기 위해 꾸준히 노력한답니다.

2024년 1월 30일 1판 1쇄 발행

글 **이경주** | 펴낸이 **문제천** | 펴낸곳 **㈜은하수미디어**
편집진행 **문미라** | 편집 **임소현, 방기은**
디자인 **류현정** | 디자인 지원 **SUHO** | 제작책임 **문제천**
주소 서울시 송파구 송이로32길 18, 405 (문정동, 4층)
대표전화 (02)449-2701 | 팩스 (02)404-8768 | 편집부 (02)3402-1386
출판등록 제22-590호(2000. 7. 10.)
ⓒ2024, Eunhasoo Media Publishing Co., Ltd.
Ⓒnagano

이 책의 저작권은 ㈜은하수미디어에 있으므로 무단 전재 및 무단 복제를 금합니다.

주의! 종이가 날카로워 손을 베일 수 있으므로 주의하십시오.
파본은 구입처에서 교환해 드립니다. 사용 중 발생한 파손은 교환 대상에 해당되지 않습니다.

＊그림 출처 ⓒ shutterstock

본 제품은 한국 내 독점 판권 소유자인 대원미디어㈜와의 정식계약에 의해 생산되므로,
무단복제시 법의 처벌을 받게 됩니다. 또한 본 상품에 증지가 부착되지 않은 경우는
저작권 침해에 해당됩니다